Elmar Engel

Sitting Bull und die Sioux

Lamuv Taschenbuch 173

Bitte fordern Sie unser kostenloses Gesamtverzeichnis an:
Lamuv Verlag, Postfach 26 05, D-37016 Göttingen

Das Papier des Buchblocks besteht zu 100 Prozent aus Altpapier

97 98 99 00 6 5 4 3 2

1. Auflage 1995
Originalausgabe

Umschlaggestaltung: Gerhard Steidl
unter Verwendung eines Gemäldes von Charles Wimar
Gesamtherstellung: Steidl, Göttingen
Printed in Germany
ISBN 3-88977-404-0

Inhalt

Aufbruch in die Prärie

Die Bezeichnung »Sioux« ist eine französische Verballhornung von »nadoueissiw«, dem Ojibwa- (Chippewa-) Wort für Feind. Sie selbst nannten sich je nach dialektischer Sprachfärbung Lakota, Nakota oder Dakota, was soviel wie »Alliierte« bedeutet. Sie hatten und haben nichts dagegen, wenn man sie Sioux (»ssiuu« ausgesprochen) nannte oder nennt.

Wie bei kaum einer anderen indianischen Gruppierung ist die Kultur der Sioux seit den von uns nachvollziehbaren Anfängen an direkt und indirekt von den weißen Eroberern des amerikanischen Kontinents beeinflußt worden. Zu Beginn wurde sie unfreiwillig positiv und später aggressiv-negativ mit- und umgestaltet.

Die Wurzeln dieses Volkes liegen im Waldland am Oberlauf des Mississippi. Zu Beginn des 19. Jahrhunderts lebten die östlichen Stämme der Sioux Nation, die Santee oder Dakota, vorwiegend beiderseits des Minnesota River. Sie waren die einzigen, die zumindest temporär die Verbindung zu ihren ursprünglichen Jagdgründen in den Wäldern des Nordens aufrechthielten und dort gelegentlich wie in den alten Zeiten ihren Wildreis ernteten.

Die sogenannten mittleren Stämme, die Yankton und Yanktonai oder auch Nakota, hatten zu diesem Zeitpunkt das Band zu den Wäldern und Seen der alten Heimat zerschnitten und waren Steppenreiter und Büffeljäger geworden. Doch wie es heißt, behielten sie noch lange nach diesem Bruch Gebräuche und Sitten ihrer Brüder im Osten bei.

Weiter westlich wiederum folgten die Teton oder Lakota den Fährten der Bisonherden unter dem unendlichen Himmel der Prärie. Sie unterteilten sich in Brulé (Die gebrannten Beine), Minneconjou (Pflanzer am Wasser), Sans Arc (Ohne Bogen), Oglala (Die sich weit verteilen), Two Kettle (Zwei Töpfe – also die Reichen), Sihasapa (Die Schwarzfüße – nicht zu verwechseln mit der nordwestlich lebenden Blackfoot Nation) und die Hunkpapa (Die in der Öffnung des Ringes kampieren). Die Lakota hatten jegliche, wahrscheinlich sogar die spirituelle Bindung zu ihrer einstigen Heimat in den Wäldern und an den Seen des südlichen Kanadischen Schildes aufgegeben. Nicht einmal ihre Sagen und Legenden berichten von den Zeiten, als sie die Paddel beiseite gelegt, die Kanus und Rindenhütten zurückgelassen hatten, nach Westen gezogen waren, sich auf die Rücken der im weiten Grasland umherziehenden Pferdeherden geschwungen hatten und fortan in Tipis lebten.

Niemand weiß, seit wie vielen Generationen diese Menschen zuvor im Waldland des oberen Mississippi, im heutigen US-Bundesstaat Minnesota, gehaust hatten.

Als halbseßhafte Jäger, Fischer und Sammler von Wildreis lebten sie in weit über das Land verteilten Familien- und Sippenverbänden, den »tiyospaye«. Wie alle Waldindianer des Nordens führten sie – im Vergleich zu den Kulturen des amerikanischen Südwestens – ein atavistisches Dasein, in dem alle Kräfte auf das Überleben konzentriert werden mußten. Es war eine Lebensform, die weder die Zeit noch die Voraussetzungen bot für große politische, kulturelle oder militärische Ambitionen.

Hin und wieder schlugen sie sich mit ihren Nachbarn im Nordosten, den Ojibwa oder Chippewa, herum, mitunter auch mit den Pawnee, die dieselbe Lebensform praktizierten. Doch das waren keine Fehden oder Kriege, sondern punktuelle Raubüberfälle und Scharmützel, kurzfristige Auseinandersetzungen um die besseren Jagd- und Fischgründe.

Das änderte sich in dem Augenblick, als die Weißen auf den Plan traten. Die Ojibwa kamen über die Franzosen und später über die Engländer eher in den Besitz von Feuerwaffen als die Sioux. Damit neigte sich die Balance auf ihre Seite; sie vertrieben ihre Erbfeinde aus dem unendlichen Wald-Wasser-Land und zwangen sie hinaus auf das offene Grasland des amerikanischen Mittelwestens, auf die Prärie.

Hier war eine ebenfalls von den Weißen, diesmal von den Spaniern, unfreiwillig initiierte, tiefschürfende Veränderung über die Bühne der Geschichte gegangen: Die Indianer waren nach den Pueblo-Aufständen in den Besitz von Pferden gelangt. Teilweise handelte es sich bei den »pintos« um Ausbrecher aus den »Corrals«, den Pferchen, des Südwestens, teilweise waren sie absichtlich oder unabsichtlich von den Indianern freigesetzt worden und verwildert. In den grasigen Ebenen fanden die Pferde, ursprünglich Steppenbewohner, ideale Lebensbedingungen vor. Sie vermehrten sich ohne jegliches Zutun des Menschen millionenfach und breiteten sich wie ein Buschfeuer aus.

Die Sioux brauchten nur noch zuzugreifen und sich auf die »sunka waken« – wie sie die Pferde nannten – zu schwingen. Schon nach ein paar Jahren schien es, als seien die Jäger und Krieger auf dem Pferderücken geboren. Binnen weniger Jahrzehnte entstand jene einzigartige Reiterkultur, die uns noch heute fasziniert und in ihren Bann schlägt.

Der Reichtum eines Sioux wurde nach der Anzahl seiner Pferde gemessen; sein Ansehen danach, wie viele er verschenkte; seine Tapferkeit, wieviel erbeutete Ponys er von den Raubzügen gegen die verfeindeten Crow oder andere Stämme heimbrachte.

Die Lakota kehrten das offenbar vorgegebene Desaster der Vertreibung um, indem sie eine neue, evolutionär höher angesiedelte Existenzform schufen. Sie zeigten sich so begeistert von all dem hier vorgefundenen Neuen, daß sie darüber ihre alte Waldheimat vollständig vergaßen.

Sie fanden kein Vakuum vor. Da waren bereits andere indianische Völker: die Mandan, die Hidatsa, die Kiowa, die Crow. Aber die Neuankömmlinge waren frischer, aggressiver und entschlossener. Sie vertrieben die anderen Stämme aus ihren angestammten Jagdgründen. Es waren die besten, die der damals indianische Mittelwesten zu bieten hatte. Büffel, Pronghorn-Antilopen, Wapiti-Hirsche, wilde Truthähne, Präriehühner bevölkerten die scheinbar endlosen Ebenen. Der Tisch war reich gedeckt.

Im Winter fanden die Lakota in den tief erodierten Flußtälern Schutz vor den heulenden Blizzards – sie fanden Feuerholz, Nahrung für ihre Pferde.

Die Sioux waren die uneingeschränkten Herrscher über ein riesiges Territorium, das große Teile der heutigen Bundesstaaten Minnesota, Iowa, North Dakota, Nebraska und fast das gesamte South Dakota umfaßte.

Es mag um das Jahr 1775 gewesen sein, als der Lakota-Häuptling Standing Bull auf einer »Raid«, einem Beutezug, in den fernen, unbekannten Westen, nach Durchquerung der Jagdgründe der Mandan, der Hidatsa und der Kiowa, staunend vor einem isolierten Gebirgszug stand, der sich wie eine dunkle Wolke über der flachen Prärie erhob. Es waren die »Paha Sapa«, die Black Hills oder Schwarzen Hügel. Eine beeindruckende, über tausend Meter hoch aufragende Bergkette aus Granit und Kalkstein – hundertachtzig Kilometer lang und sechzig Kilometer breit. Vordem gehörte die gebirgige Insel im weiten Grasmeer zu den Jagdgründen der Kiowa – aber die Lakota waren die Stärkeren. Sie vertrieben auch diesen kriegerischen Präriestamm, der sich in der Folge weiter nach Süden hin orientierte.

Für die Sioux waren »die Hügel, in denen der Große Geist wohnt«, von hoher mystischer wie auch von ganz realer, praktischer Bedeutung. Hier war der Tisch reich gedeckt – hier gab es Bären, Fische, Rotwild, Beeren in Hülle und Fülle. Die Lodgepole-Kiefern zum Aufrichten ihrer Büffelhaut-Tipis bedeckten die Hänge so dicht, daß sie wie eine schwarze Decke wirkten. Die Kiefern sollten diesen Bergen den unter den Weißen gebräuchlichen Namen »Black Hills« geben. Die »Paha Sapa« wurden zum Götterthron der Lakota, hier residierte »Wakan Tanka«, der Große Geist – die Personifizierung alles Mystischen, Großartigen, Heiligen, Mächtigen, Unfaßbaren. Die Visionen der Lakota fanden hier ihren Platz.

Parkman war einer der ersten Amerikaner, der von den Sioux berichtete: »Die Sioux sind durch und durch Wilde. Weder ihre Bräuche noch ihre Gedanken sind durch den Kontakt mit der weißen Zivilisation beeinflußt.«

Doch das stimmt nicht. Bereits in der alten Heimat, in den Wäldern des heutigen Minnesota, hatten die ersten Güter der Weißen – wenn auch durch Vermittlung der Ojibwa – den Weg zu den Sioux gefunden: Messer, Äxte, Tabak, Tee, Töpfe vor allem, die sie gegen die Felle von Biber, Nerz, Marder, Fuchs, Luchs und anderen vierbeinigen Waldbewohnern eintauschten.

Dann waren es die Musketen des Weißen Mannes in den Händen der Ojibwa gewesen, die sie aus ihrer alten

Heimat vertrieben hatten. Später war es das Mitbringsel der Spanier, das Pferd, das die neue Lebensform erst möglich machte. Letztendlich erwiesen sich die Gaben der Weißen als Büchse der Pandora, aus der das Böse in die Welt der Indianer hineinkroch: vordem unbekannte Epidemien, die die Rivalen der Sioux – die Mandan, die Arikara, die Omaha – schwächten, sie aber selbst vorerst verschonten und ihre Hegemonie erst ermöglichten. Die Schlangen aus der Pandora-Büchse hießen Pocken, Cholera, Masern ...

Jetzt waren es die »Mountain Men«, die die Rolle der Ojibwa übernahmen und die Versorgung mit Töpfen, Äxten, Messern, Nadeln, Pfeilspitzen, Alen, Tee und Tabak sicherten. Im Tausch gegen Büffelfelle fanden diese weißen Güter den Weg zu den Sioux, wie auch so mancher Vorderlader.

Der erste »offizielle« Kontakt zwischen den Häuptlingen der Sioux und den Abgesandten der Weißen war genausowenig konfliktfrei wie viele spätere: Im Spätsommer 1804 erreichte die Expedition der Amerikaner Lewis und Clark die Jagdgründe der Sioux. Die roten Gastgeber veranstalteten zu ihren Ehren ein Festessen, rauchten mit ihnen die Friedenspfeife, tanzten und erwarteten entsprechende Gegengeschenke. Doch die beiden Weißen verteilten nur ein paar Medaillen, schlugen ein neugeborenes Kind in die amerikanische Fahne ein und erklärten den staunenden Häuptlingen, daß nach der sogenannten »Louisiana Purchase« nicht mehr die Franzosen, sondern die Amerikaner die Herren des Landes seien.

Es darf als unwahrscheinlich gelten, daß die versammelten roten Würdenträger überhaupt verstanden, was die beiden Amerikaner mit ihrer Flaggenzeremonie und der Erklärung des Vertrages zweier unbegreiflich fremder

Mächte zum Ausdruck bringen wollten. Wahrscheinlich haben sie von alledem nichts begriffen, sonst wäre ihre Reaktion noch unfreundlicher ausgefallen. De facto waren und fühlten sie sich als die stolzen, unumschränkten Herren des weiten, scheinbar unendlichen und ewigen Graslandes der Prärie. Erst als die beiden Amerikaner neben dem Sternenbanner für die Baby-Zeremonie weitere Waren auspackten und immer wieder die Pfeifen der Häuptlinge mit ihrem Tabak füllten, besänftigten sich deren Gemüter.

Lewis' Kommentar: »Die Sioux sind unter diesen Wilden die gemeinsten Schurken.«

Die zeitgenössischen europäischen Schriftsteller und ihre Epigonen bemächtigten sich des Themas. Sie gaben den Pferden ihrer Phantasie die Sporen, sie ließen die Zügel schießen, spannen die farbigsten Fäden, schufen die populärsten Heldenfiguren der Weltliteratur. Millionen und Abermillionen Leser folgten gebannt ihrem fiktiven Schicksal. Die roten Steppenreiter, die Krieger und Jäger ritten immer schneller, kämpften immer tapferer - sie wuchsen um Längen über die Realität hinaus. Das Denkmal des »edlen Wilden« erhob sich überlebensgroß auf dem Podest der Imagination. Legende und Wirklichkeit verwoben sich zu einem schwer durchschaubaren Gespinst.

Die Sioux als zahlreichste und mächtigste Nation der Prärien spielten die vorgegebenen Rollen: als Ritter ohne Furcht und Tadel, aber auch als die Verkörperung abgrundtief grausamer, hinterhältiger Bösewichte. Als Gegenpart zu alledem schuf die amerikanische Fiktion der Wochenmagazine des 19. Jahrhunderts - einer Mixtur aus Bild-Story-Aktualität-Historie - und später Hollywood den Pionier, der mit der Waffe in der Hand Familie und

Scholle verteidigt, den sympathisch verschrobenen, einzelgängerischen Waldläufer – vor allem aber den Kavalleristen, der zum hellen Klang der Signalhörner hoch zu Roß oder hinter den Palisaden des Prärieforts zusammen mit seinen Kameraden die in dichten Massen anreitenden roten Krieger niederstreckt. Worauf er, von nicht mehr als einem Streifschuß blessiert, in die voll glühender Erwartung ausgebreiteten Arme der Hauptdarstellerin sinkt.

So war es natürlich nicht. Die Indianer waren Menschen quasi von einem anderen Stern. Sie hatten ihre eigene Denkensart, ihre eigene Sicht der Dinge – ihr Handeln resultierte aus oft für Weiße unbegreiflichen Traditionen. Sie hatten andere soziale Strukturen, gänzlich verschiedene Lebensformen. Sie lebten auf einer Kulturstufe, die zumindest technisch-materiell um dreitausend Jahre hinter der der Weißen herhinkte.

Auch wenn sie sich Werkzeuge und Waffen der Weißen beschafften und rasch lernten, recht geschickt damit umzugehen – es gelang ihnen nie, sie selbst zu fertigen, um wenigstens in dieser Hinsicht einen Zipfel Unabhängigkeit zu erhaschen. Sogar sonst wohlmeinende Weiße glaubten nicht, daß die Indianer die weitere kulturelle Evolution, für die die Europäer Jahrtausende brauchten, in ein paar Jahrzehnten absolvieren könnten.

Man kann die Sache drehen und wenden, wie man will: Bereits zu Beginn des 19. Jahrhunderts standen die Prärie-Indianer auf verlorenem Posten. Technisch, politisch, militärisch, zahlenmäßig waren sie den weißen Eroberern hoffnungslos unterlegen. Wo auch immer die Roten den weißen Expansionsbestrebungen im Wege standen, mußten sie weichen. Wo sie sich wehrten, entzog man ihnen die Existenzgrundlage; sie wurden mit Gewalt vertrieben oder getötet. Es war vielleicht nicht unbedingt eine konsequent physische Form des Genozids, aber es war eine moralische, mit ähnlichem Effekt.

Doch heben wir Europäer unsere Köpfe nicht zu hoch und zeigen wir nicht mit unserem Finger auf die »bösen« Amerikaner: Wer waren sie denn, diese selbstsüchtigen Eroberer? Es waren doch vorzugsweise Europäer, die über den Atlantik gekommen waren, es waren doch unsere eigenen Vorfahren, die die Neue Welt usurpierten und deren Ureinwohnern keine Chance ließen.

Hin und wieder gab es Atempausen in der Entwicklung im Drang nach Westen. Zu Beginn des 19. Jahrhunderts hatten die Siedler den Mississippi erreicht, und die Waldregionen der östlichen Hälfte der Vereinigten Staaten waren durch und durch »weiß«.

Aber die Siedlungsformen der europäischen Pioniere waren an den Wald gebunden. Man brauchte das Holz für den Bau von Unterkünften, Blockhütten für den Menschen, von Ställen für das Vieh. Man brauchte es für Zäune, als Brennmaterial für Koch- und Heizöfen, als Rohstoff für Werkzeuge, Geräte, Fuhrwerke und tausenderlei mehr. Im Westen dehnte sich noch das freie, scheinbar unendliche Grasland der Prärien, in dem es diesen wichtigsten aller Rohstoffe nicht gab. Die Prärie war wie ein Meer, das sich einer weiteren Expansion widersetzte.

Auch Sir William Francis Butler braucht im Jahr 1870 dasselbe Bild:

»Selbst die weite, offene See ist nicht so mannigfaltig wie das Meer der Prärie, von dem ich sprechen will. Eine unbeschreiblich schöne Decke reinsten Schnees im Winter, eine weite Ebene von zartblühenden, wilden Rosen und Gras im Sommer und ein Meer lodernder Flammen nur allzuoft im Herbst.

Mit den Sonnenuntergängen dieses Grasmeeres läßt sich kaum einer auf den Sieben Ozeanen vergleichen, und verlassener als die von den Schatten der Nacht umhüllte Prärie kann kein Schiff auf dem weiten Meer sein. Die Einsamkeit spricht nur aus dem Heulen der Wölfe, und die immerwährende Stille der Sterne ist wie eine Antwort auf das Schweigen des Landes darunter. Zeit bedeutet diesem Meer nichts – es ist ewig und ohne Vergangenheit.«

Nicht alle sahen das eindrucksvolle Grasmeer so poesievoll: Lewis und Clark, die ersten Entdecker, die es »durchschifften«, bezeichneten die Prärie als »wüstenhaft und unfruchtbar«. Zebulon Pike schrieb einige Jahrzehnte später, daß der größte Teil des Graslandes nie im Stande sein werde, eine weiße Bevölkerung zu ernähren. Er sah in ihm die Schranke, »die dem amerikanischen Volk, das so der Entdeckerfreude und dem Aufbruch zu neuen Grenzen geneigt ist, Halt gebietet«. Und Major Stephen Long erklärte: »Wir vertreten die Ansicht, daß dieses Gebiet für die Kultivierung vollkommen ungeeignet – und deshalb für eine vom Ackerbau abhängige Bevölkerung unbewohnbar ist.«

Diese Einschätzung verschaffte den Indianern eine Atempause. Die Vertreibung aus dem Paradies verschob sich um einige Jahrzehnte. Im Gegensatz zur Auffassung der Ackerbauern waren die endlosen grasigen Ebenen für die berittenen Wildbeuter ein Dorado. Am Ostrand, wo es ausreichend Niederschlag gab, wuchs das Gras höher als ein aufrechtstehender Mann. Es war der fruchtbarste Teil der Prärie; die dort ansässigen Indianer bauten Mais und andere Feldfrüchte an und straften die frühen Ansichten der Weißen Lügen.

Westlich davon wird das Klima immer trockener, und die üppige Vegetation ging in die rasenähnliche Kurzgrasregion der eigentlichen Great Plains über. Teilweise tischeben, teilweise sanftgewellt, die »rolling prairie«, teilweise unterbrochen von schroffen Erhebungen, von zu Tage tretenden Gesteinen und tief ausgewaschenen Flußtälern präsentierte sich das »Land unter dem weiten Himmel« als die verdinglichte Freiheit.

Der Pflanzenwuchs war die Grundlage für ein reichhaltiges Tierleben: Ganze Schwärme von Präriehühnern stoben vor dem Reiter auf; von den Truthähnen hieß es, daß die Zweige unter ihrer Last von den Silberpappeln brachen, wenn sie am späten Abend entlang der Wasserläufe aufbaumten; langbeinige Hasen gab es zu Millionen; unter der Erde hatten die Prairie Dogs riesige, Hunderte von Quadratkilometer große Flächen unterhöhlt; Pronghorn-Antilopen waren immer und überall zu finden, Tausende von Wapitis grasten friedlich neben der sich immer noch vergrößernden Anzahl der verwilderten Pferde, die inzwischen auf der Prärie ebenfalls Heimat und Auskommen gefunden hatten.

Doch was war das alles gegen die riesigen Herden der majestätischen Büffel in ihrer urweltlichen Erhabenheit? Es gibt Berichte früher Entdecker, die einen vollen Tag von Sonnenaufgang bis Sonnenuntergang zwischen unbeeindruckt grasenden Wildrindern ritten und am Abend immer noch nicht die Randzone dieser Massenversammlung erreicht hatten.

Niemand hat sie gezählt, niemand vermochte sie zu zählen. Man ist auf nachträgliche Schätzungen angewiesen. Ob man ihre Zahl mit 60 Millionen annimmt oder ob es »nur« 15 Millionen gewesen sein sollen, was macht's? In jenen glücklichen Zeiten bevölkerten nicht mehr als rund 250 000 Indianer die weiten Prärien. Das bedeutet, daß auf einen einzigen Indianer – ganz gleich, ob Groß-

Büffeljagd: Die Verbreitung und Nutzung des Pferdes bedeutete eine deutliche Verbesserung der Lebensverhältnisse der Sioux

mutter, Baby oder Mann – an die hundert Büffel, wahrscheinlich aber viel, viel mehr kamen. Der Tisch, der Platz rund um die Tipis und Feuerstellen war überreichlich gedeckt.

Man konnte vom Überfluß schöpfen – auch wenn die Indianer keineswegs so umwelt- oder ressourcenbewußt waren, wie wir sie in romantischer Nachschau sehen. Der Maler George Catlin berichtet: »Nirgends auf der weiten Prärie gibt es mehr Büffel und wilde Pferde. Aber es existiert auch kein Volk, das die einen so unnachsichtig zur Ernährung und die anderen ebenso zu ihrem Nutzen nimmt.«

Die Sioux töteten oft mehr Wildrinder, als sie verbrauchen konnten, doch die Herden verkrafteten spielend die Verluste und regenerierten sich rasch auf ihre alte Zahl.

Die Prärie war und ist immer noch ein harsches Land mit klaffenden klimatischen Gegensätzen, mit flirrender Sommerhitze und eisigen, über die Ebenen hinwegbrausenden, Mark und Bein durchschneidenden Blizzards im Winter. Die sengende Trockenheit wird abgelöst von sintflutartigem Gewitterregen. Über »Badlands«, die Halbwüsten im Westen, also schon im Regenschatten der Rocky Mountains, stöhnt der Reisende heute noch: »Immer noch zwanzig Meilen bis zur nächsten Wasserstelle und dreißig bis zum nächsten schattenspendenden Baum.«

Im Osten erhoben sich die ersten, wiederum durch die Weißen initiierten Probleme. Die Regierung in Washington hatte den Großteil der Waldindianer, an die 90 000 Menschen, über den Mississippi hinweg in den heutigen Mittelwesten deportiert: Zu ihnen gehörten die Choctaw und Chicksaw, die Creek und Seminole, die Cherokee, die Osage, die aus verschiedenen Stämmen resultierenden sogenannten New-York-Indianer, die Miami, Shawnee, Kansa, Delaware, die Sauk, Fox, Iowa und wie sie noch heißen mochten. Die Bürokraten in Washington gingen davon aus, daß alle Indianer gleich seien. Man nahm an, daß die Menschen, die zuvor Biber in Fallen gefangen, mit Netzen gefischt, die Ahornsirup und Wildreis geerntet hatten, alsbald ihre überkommene Lebensform ändern und entweder zu Prärie-Indianern werden oder den Weg des Weißen Mannes gehen und sich in dessen Welt integrieren würden.

Der Kongreß in Washington schuf 1832 das »Bureau of Indian Affairs«, das diesem Prozeß helfend zur Seite stehen, aber auch die Indianer vor Übergriffen der Weißen schützen sollte. Eine dieser Maßnahmen war der »Indian Intercourse Act« von 1834, ein Gesetz, nach dem jeder Weiße, der sich in das Indianerland begab, eine entsprechende Genehmigung vorweisen mußte. Weiterhin verboten sie den Verkauf von alkoholischen Getränken an die Eingeborenen.

Das waren gutgemeinte Absichten. Doch einen Beschluß fassen und einen Beschluß durchsetzen, sind zwei grundverschiedene Paar Stiefel. Prompt tauchten zwei Probleme auf: Entweder lernten auch die Neuankömmlinge sehr schnell, mit Pferden umzugehen und zu effizienten Büffeljägern zu werden, doch dann gerieten sie in die traditionellen Jagdgründe der in der Prärie etablierten Stämme und prompt mit diesen aneinander. Die Folge war einmal mehr Blutvergießen, bei dem sich die neu Hinzugezogenen dank ihrer Feuerwaffen recht gut behaupteten. Oder aber sie schafften den Umstieg nicht und mußten sich mit den spärlich fließenden, sogenannten milden Gaben des Weißen Mannes zufriedengeben, der sie in einen Teufelskreis der Unselbständigkeit und Abhängigkeit führte, aus dem es bis zum heutigen Tag kein Entrinnen zu geben scheint.

Ein größeres Problem war die Lizenzierung der weißen Händler. Die Verlockung, mit Hilfe von König Alkohol satte Profite einzufahren, war unwiderstehlich. Umgekehrt gaben die Rothäute für ein paar Drinks des ominösen »Blackfoot-Whiskey«, einer hochbrisanten Mischung aus reinem Alkohol, gemahlenem Ingwer und rotem Capsicum-Pfeffer, Tinte, Blutlaugensalz, Kupfervitriol, Tabak und einer Prise Schießpulver und manchmal einer Messerspitze Strychnin, ihre letzte Habe.

Glücklicherweise wurde das Gebräu bis zum Gehtnichtmehr verdünnt und richtete erst im Laufe der Zeit entsprechenden Schaden an. Wie auch immer: Die vordem stolzen Krieger verscherbelten für einen Pint des höllischen Gesöffs ihre letzte Büffeldecke, ihre besten Ponys, boten Frauen und Töchter an, fielen in trunkenen Streitereien mit Messern und Tomahawks übereinander her.

Frühe Darstellung eines Sioux-Kriegers

Und wenn sie mit pelziger Zunge und dröhnendem Kopf aus ihrem Rausch erwachten, dann stand ihr Sinn nach nichts anderem als nach einem neuen Drink.

Die unvermeidliche Folge waren Demoralisierung, Infragestellung der traditionellen Strukturen, Armut, Not, Elend - der Krieger und der Familien.

Schlimmer noch wüteten bis dato unbekannte Krankheiten. Schon kurz nach der Wende vom 18. ins 19. Jahrhundert hatte eine von den Pawnee nach einer Raid ins ferne New Mexico eingeschleppte Pockenepidemie fürchterlich auch unter den übrigen Präriestämmen gewütet. 1837 wurden die am oberen Missouri lebenden Gruppen betroffen. Die Mandan beispielsweise, der sozial und wirtschaftlich am weitesten entwickelte aller Stämme, wurde fast vollständig dahingerafft. An die 2 000 Pawnee starben. Auch die Osage litten fürchterlich. Aber die Sioux kamen gewissermaßen mit einem blauen Auge davon. Stärker und gefürchteter denn je gingen sie aus dieser Katastrophe hervor.

Ein Knabe namens Slow

Weder der Ort noch das Jahr sind exakt bekannt, an und in dem Sitting Bull geboren wurde. Es spielt für ihn auch keine entscheidende Rolle. Er berichtet selbst: »Ich bin am Missouri River geboren. Ich kann mich jedenfalls dunkel erinnern, daß mir das jemand erzählt hat. Wer es war, das weiß ich nicht mehr. Man hat es mir jedenfalls so gesagt.«

Für einen Indianer sind Geburtsjahr und -ort unwichtig. Wo ist die Heimat des Nomaden? Überall – wo Gras wächst, Wasser fließt und wo der Himmel weit ist. Ebenso steht es mit dem Geburtsjahr. Es könnte 1831, es könnte genausogut 1832, 33 oder gar erst 1836 oder 37 gewesen sein. Unnütze Überlegungen eines Weißen: Status und Ansehen eines Sioux hängen nicht von ein paar Jahren mehr oder weniger ab.

Wichtig ist, daß Sitting Bull in eine angesehene Hunkpapa-Familie hineingeboren wird, in eine Untergruppe der auch Teton genannten Lakota. Ihre Jagdgründe und damit auch ihre Heimat liegen auf den weiten, höher gelegenen Ebenen zwischen Missouri und den Bighorn Mountains. Es macht den Jägern und Kriegern aber nichts aus, ihre Beutezüge im Norden bis in die Ebenen des kanadischen Westens und im Süden bis zum Platte und Republican River auszudehnen. Man schätzt, daß sie zu jenem Zeitpunkt insgesamt zwischen 15 000 und 20 000 Köpfe zählen. Damit sind sie die zahlenmäßig stärkste Nation des Mittelwestens.

Sitting Bulls Vater heißt Tatanka Iyotanka, was ebenfalls Sitzender Büffel bedeutet. Der Begriff ist ein Synonym für Standfestigkeit und Durchhaltevermögen.

»Mein Vater war ein Häuptling. Er war ein reicher Mann und besaß viele Ponys in vier verschiedenen Färbungen. Auch meine beiden Onkel waren Häuptlinge«, berichtet Sitting Bull später.

Die Mutter ist eine Arikara – eine fröhliche, heitere Frau, die gerne viel spricht und die Leute zum Lachen bringt. Ihr Name ist Her Holy Door – was soviel wie »Heilige Tür« oder »Eingang« bedeutet. Ihre übrigen Kinder sind die jüngeren »Four Horns« und »Looks for Him in a Tent« sowie die Mädchen »Brown Shawl Woman« oder auch »Twin Woman« und »Good Feather«.

Den Status der Frauen beschreibt ein Lakota so: »Der Mann hatte seine Stellung und seine Aufgaben, die Frau hatte die ihren. Sie waren voneinander verschieden, aber deswegen war keiner von beiden höheren oder niedrigeren Standes.«

Das Tipi mitsamt seiner ganzen Ausstattung ist Eigentum der Frau, und sie bestimmt das Geschehen innerhalb der Zeltwände. Die Kinder hören auf ihre Anweisungen – die Knaben bis zum Stimmbruch, die Mädchen bis zu ihrer Verheiratung.

Die Hauptlast der Arbeiten liegt auf den Schultern der Lakota-Frauen. Sie bereiten die Mahlzeiten in einem an einem Dreibein aufgehängten, leeren Büffelmagen, in den heiße Steine eingefüllt werden, um so die Fleischsuppe zu erwärmen. Sie zerteilen die von den Jägern heimgebrachte Beute, hängen alles, was nicht gleich gegessen werden kann, zum Trocknen über ein Holzgestell. Sie zerstoßen oder mahlen das getrocknete Fleisch, mischen es mit Fett und getrockneten Beeren und füllen es in Büffelmägen oder in dicht vernähte Lederbeutel. Sie schaben die Felle - eine langwierige, schwere Arbeit -, gerben sie mit Urin und schwefelhaltigem Wasser und nähen daraus mit Tiersehnen die Kleidung.

Bei jedem Ortswechsel obliegt es ihnen allein, das Tipi abzubauen, zu verpacken und mittels des sogenannten Travois - eine hinter Hund oder Pferd gezurrte Schleppe - zu dem neuen Standplatz zu transportieren und wieder aufzubauen.

Das Dasein der Lakota kreist um den Büffel. Seine jahreszeitlichen Wanderungen bestimmen auch den menschlichen Lebenszyklus. Der Büffel ist ein wichtiges Symbol der zeremoniellen und religiösen Lebensformen.

Sein Fleisch ist die fast ausschließliche Nahrung der Lakota. Das Fell wird zu Kleidung, Bettzeug, »Möbeln«, Zeltplanen und Behältern verarbeitet. Die Sehnen finden bei der Herstellung von Bögen Verwendung und als Schnüre für alle möglichen Zwecke bis hin zum Nähgarn. Aus den Knochen und Hörnern schnitzen die Männer ihre Werkzeuge.

In seinen ersten Lebensjahren wird der Junge, der später einmal Sitting Bull heißen soll, nach indianischem Brauch »Jumping Badger« - »Hüpfender Dachs« - genannt. Das ist eher ein Kosewort als ein Name, der Bestand haben wird. Später ruft man ihn »Hunkesni« - »Der Beständige« - in mancher Übersetzung auch »Slow«, »Der Langsame«.

Vor allem der Onkel mit Namen Four Horns kümmert sich intensiv um den heranwachsenden Hunkeseni oder Slow und nimmt sich seiner ganz besonders an. Er bringt ihm die Schieß- und Reitkünste bei, von denen der Erfolg oder das Versagen, oft genug Leben und Tod eines Sioux abhängen.

Neben der Jagd ist der Krieg die Hauptbeschäftigung der jungen Männer. Kampf ist für sie eine Daseinsform. Neben den Northern Cheyenne und – zeitweilig – den Arapaho haben die Sioux keine Verbündeten. Ihre Feinde sind die Assiniboine im Norden und die Crow im Westen. Vor allem die Crow sind von der Expansion der Sioux betroffen und wehren sich gegen deren Übergriffe nach Kräften. Die Gegend entlang des Powder River ist eine gefährliche Konfliktzone. Die Krieger bedauern, daß die Überfälle auf die seßhaften Arikara, Mandan und Hidasata kaum noch erfolgversprechend sind, seit die Pocken diese Stämme bis auf ein paar Überlebende vernichtet haben.

Es gilt, sowohl die eigenen Jagdgründe gegen die Übergriffe der Nachbarn zu verteidigen wie auch Überfälle auf andere Stämme zu organisieren – wobei es in erster Linie darum geht, ihnen die Pferde wegzunehmen. Andere Motive für Krieg sind die Blutrache, die Vergeltung für angebliche und echte Ungerechtigkeiten. Die Hauptmotivation aber ist stets, Ruhm und Ehre des Kriegers, sein Prestige und seinen Status innerhalb des Stammes zu mehren.

Je nach Erfolg oder Mißerfolg in Jagd und Kampf organisieren sich die politischen Strukturen immer wieder neu. Die Grundlage ist die »tiyospaye«, die Sippe. Die Blutsverwandschaft, Einheirat, freiwillige oder gezwungene Zugehörigkeit beziehungsweise die Adoption von Gefangenen sind ihre Bindeglieder.

Häuptling zu sein bedeutet, die vier Kardinaltugenden eines Sioux in dieser Rangfolge auf sich zu vereinigen: Tapferkeit, Leidensfähigkeit, Großzügigkeit und Weisheit. Dabei bedeutet Tapferkeit das individuelle Verhalten und viel weniger organisatorisches oder strategisches Vermögen während einer Auseinandersetzung. Wer den

Feind mit einem »coup stick«, mit einem kurzen Stöckchen, berührt, der heimst größere Ehren ein als derjenige, der ihn aus der Ferne mit einem gezielten Pfeilschuß niederstreckt. Nur um in Zukunft das Recht zu haben, eine Adlerfeder im Haar zu tragen und sich im Kreis der Daheimgebliebenen mit seinen Taten brüsten zu können, gehen die Krieger die größten Risiken ein – eine sehr komplexe und einem auf Effizienz ausgerichteten und trainierten Hirn eines weißen Militärs vollkommen unverständliche Kampfesführung.

Auf der anderen Seite gelten Ritterlichkeit, die Schonung des unterlegenen Gegners, jede wie auch immer geartete Fairneß überhaupt nichts. Normalerweise greifen die Indianer aus dem Hinterhalt an, nutzen das Überraschungsmoment – oder wenn sie aufgrund ihrer zahlenmäßigen Überlegenheit oder ihrer Traumvisionen den sicheren Erfolg vor Augen haben. Verwundete oder wehrlose Gegner davonkommen zu lassen, käme ihnen nicht in den Sinn.

Trotzdem machen sie hin und wieder Gefangene. Doch nur solche, die sich in den eigenen Stammesverband integrieren lassen: ganz junge Krieger, die das militärische Potential sichern oder erhöhen; junge Frauen, die helfen, den Stamm zu reproduzieren; Kinder, die in den eigenen Nachwuchs eingebunden werden können.

Die Tugend der Leidensfähigkeit besteht darin, physische Anstrengungen, Schmerzen und Torturen stoisch zu ertragen. Das Gebot beinhaltet auch, äußere Würde und Gelassenheit in sowohl freudigen wie auch traurigen Situationen zum Ausdruck zu bringen. Man ist durchaus für Humor, Zuneigung, Erregung, Trauer, Angst empfänglich – aber man zeigt sie nicht in der Öffentlichkeit und vor allem nicht Fremden gegenüber.

Großzügigkeit schafft höheres Ansehen und größeres Prestige als das Ansammeln von Reichtum. Doch das eine ist ohne das andere nicht möglich. Es ist eine sehr delikate Balance. Es besteht ein System des Gebens und Nehmens zwischen Individuen, Familien, Sippen und auch anderen Stämmen. Über alledem vergißt man keineswegs die Krüppel, die Waisen und die Alten.

Die vierte Tugend, die Weisheit, liegt nicht in der Reichweite eines jeden Mannes. Zwar kann man ihr durch die Bündelung von Tapferkeit, Leidensfähigkeit, Großzügigkeit und mit der Erfahrung der späteren Jahre näherkommen, doch sie zu erreichen, erfordert nun einmal gewisse angeborene Charaktereigenschaften und Geistesgaben. Hinzu kommt die Fähigkeit, sich mit spirituell-religiösen An- und Einsichten zu beschäftigen und diese weiterzugeben.

Es liegt auf der Hand, daß nur wenige Krieger solch positive Charaktereigenschaften auf sich vereinigen, aber auch, daß diese wenigen großen Einfluß und Autorität auf politischer, geistiger und teilweise auch kriegerischer Ebene besitzen und das Ansehen von Führerfiguren und Häuptlingen für sich beanspruchen können. Sie müssen zudem in der Lage sein, ihre Ansichten im »Council« mit großer Rhetorik und solcher Überzeugung vorzubringen, daß dessen Mitglieder einen einstimmigen Beschluß fassen. Wenn ein solcher nicht erzielt werden kann, wird die Sache vertagt – oder einfach zur Seite geschoben. Daraus entstehen zwangsläufig neue Probleme.

Normalerweise kann jede Familie ihren eigenen Weg wählen und braucht sich keineswegs an die Beschlüsse des Council zu halten. Abtrünnige können sich einem anderen Stamm anschließen oder auf eigene Faust handeln. Nur in Not- und Kriegszeiten, auf den Wanderungen, wenn sich das ganze Camp an der Büffeljagd beteiligt oder das Gemeinwohl bedroht ist, muß man gehorchen. Es gibt eine Art Polizei, die Bruderschaften der »akicita«, die den vier »Hemdträgern« des Council unterstehen und deren Beschlüsse durchsetzen.

Im Juni kommt der Stamm oft mit anderen, befreundeten Sioux zum »Sun Dance« zusammen. Es ist das wichtigste Ereignis und zugleich sozialer und spiritueller Höhepunkt des Jahres. Im späten Sommer zerstreuen sich die einzelnen Gruppen zur Büffeljagd. Wenn jedoch eine große Herde gesichtet wird, organisieren die »akicita« eine gemeinsame Jagd, für die strikte Regeln gelten, denen sich alle Stammesangehörigen beiderlei Geschlechts unterwerfen müssen.

Vor Anbruch des Winters ziehen sich die einzelnen Sippen in den Schutz der tiefgelegenen Flußtäler zurück, wo sie Holz, Baumrinde für die Pferde und Sicherheit vor den heulenden Blizzards finden. Bis dann das sprießende Gras des Frühlings den Pferden neue Kraft und Ausdauer für die Jagd auf den Ebenen gibt und man sich wieder zum gemeinsamen Sun Dance rüsten und versammeln kann.

Die Lakota betrachten sich selbst als integralen Teil der sie umgebenden Natur. Einer Natur, in der jedes Tier, jede Pflanze – ob Baum oder Grashalm –, die Erde selbst, der Himmel, die Wolken, die Gestirne, die Felsen und Berge, die Seen und Flüsse »göttlich« oder »heilig« sind. »Wi«, die Sonne, spielt bei alledem die herausragende Rolle. Sie ist die Spenderin allen Lebens und gleichzeitig Regentin über die Natur, die Unterwelt und die guten Geister. Sie ist nicht nur ein Teil, sondern Manifest des Überirdischen in einem Kosmos, der von guten wie auch bösen Geistern beherrscht wird.

Zum Council jedes Lakota-Stammes gehören ein oder mehrere Wichasha Wakan, sogenannte »Heilige Männer«. Das Einverständnis des Übernatürlichen ist die Voraussetzung für Kriegs- und Jagdglück, von Gedeih und Verderb überhaupt. Man muß sich jene unbestimmten Gewalten gewogen machen und darf sich keinesfalls ihren Zorn zuziehen. Die Aufgabe der Wichasha Wakan besteht darin, die Schicksalsmächte günstig zu stimmen, das Übel abzuwehren und das Wohlwollen der guten Geister zu sichern.

Die Wichasha Wakan sind Männer, die die Erfahrung mystischer Träume oder gar Visionen mit wichtigen Inhalten haben und diese zu deuten wissen. Daneben tragen sie die Aufgabe, die Träume gewöhnlicher Sterblicher zu interpretieren, damit diese entsprechende Vorkehrungen treffen können, um ihr persönliches Schicksal beispielsweise durch die Einhaltung eines Tabus, durch besondere Rituale oder ein Gelübde positiv zu beeinflussen.

Die Wichasha Wakan, in deren Träumen bestimmte Tiere wie Büffel, Wolf, Bär oder Hirsch eine besondere Rolle spielen, finden sich in eigenen Gesellschaften zusammen. Sie haben in den Zeremonien und Ritualen besondere Aufgaben, tragen überlieferte Gesänge vor, haben ihre eigenen Tänze und schmücken sich mit spezifischen Rechten.

Wie die Legende erzählt, hatte die White Buffalo Woman den Sioux aufgetragen, sieben Zeremonien zu beachten und durchzuführen, um sich das Wohlwollen der höheren Mächte zu sichern. Eine ist die Suche nach Visionen, eine andere das »inipi«, die Reinigung im Schwitzbad; andere wiederum sind die Friedenszeremonie, die Vorbereitung auf einen Kriegszug, der Totenkult zu Ehren eines Verstorbenen, die Initiationsriten beim Erreichen der Pubertät und als wichtigste kultische Handlung der Sun Dance. Dieser ist der intensivste Ausdruck von Religiosität und des Versuchs, die Mächte zu beschwören.

Der Sun Dance findet jeweils im Monat der Tollkirsche, also im Juni statt, dann, wenn die Sonne am höchsten am Himmel steht. »Wi«, die Sonne ist auch die Bewahrerin der vier großen Tugenden der Sioux: Tapferkeit, Würde, Großzügigkeit und Weisheit.

Der Sun Dance zieht sich über zwölf Tage hin. Er führt die einzelnen Gruppierungen und auch befreundete Stämme zusammen, bietet Gelegenheit zu gegenseitigen Besuchen, zum gemeinsamen Schmaus – er ist das große festliche, auch fröhliche »Get-together« des Jahres.

Während der ersten vier Tage gibt es theatralisch-dramatische Aufführungen, bei denen der Versuch unternommen wird, die Wünsche und Erwartungen der Sioux in Gesängen, Tänzen und Darstellungen zu versinnbildlichen. Bei den Männern geht es wie üblich in erster Linie um den Krieg und die Jagd, während bei den Frauen Tugendhaftigkeit und Fruchtbarkeit symbolisiert werden.

Die folgenden vier Tage sind der Vorbereitung der Kandidaten für den Höhepunkt eines jeden Sun Dance gewidmet. Es gibt verschiedene Formen der Proben: Ursprünglich starrte der Mann in die Sonne und tanzte und fastete dabei so lange, bis er erschöpft zusammenbrach. Ein einfacher Vorgang an sich, der trotzdem sehr viel Durchhaltevermögen und Selbstüberwindung erforderte. Die zweite Form ist, zwischen zehn und zweihundert kleine Schnittwunden in einem vorgegebenen Muster in beide Arme zu führen. Bei den anderen Formen werden dem Kandidaten je zwei Einschnitte in Brust und/oder Rücken beigebracht und ein Lederriemen hinter den Muskeln hindurchgeführt. An diesen Lederriemen wird der meist sehr junge Mann aufgehängt, so daß die Fußspitzen eben noch den Boden berühren. Ein an die Füße gehängter Büffelschädel bedeutet zusätzliches Gewicht. Der Kandidat tanzt so lange, bis er zusammenbricht, die Muskeln reißen und die Lederriemen ihn freigeben.

Es ist die höchste Form der Selbstaufopferung und hat eine besonders hohe positiv-mystische Bedeutung sowohl für den Kandidaten selbst wie auch für seine Umgebung. Selbstverständlich, daß der Betroffene in der Rangordnung innerhalb des Stammes aufsteigt und enorm an Ansehen gewinnt.

Für die letzten vier Tage wird ein Tanzbaum errichtet, ein Kreis abgesteckt. Jetzt endlich können alle an den Tänzen teilnehmen und mit Engagement und Hingabe die Tage der sozialen und religiösen Festigung der Freundschafts- und Stammesbande abschließen.

Danach trennen sich die einzelnen Gruppen, verlieren sich in der scheinbaren Unendlichkeit der Prärie zur Sommer- und Herbstjagd, zu kriegerischen Expeditionen und ihrer Abwehr.

Sitting Bull soll bereits in seinen frühen Zwanzigern den Ehrenstatus eines Wichacha Wakan erhalten haben. Aber schon lange zuvor, als zwölf- oder dreizehnjähriger Knabe, als er noch Hunkesni oder Slow genannt wurde, unterzog er sich den ersten mystischen Instruktionen eines »Heiligen Mannes«, wahrscheinlich von Dreamer of the Sun. Es scheint aber, daß diese Instruktionen im Verborgenen erfolgten, vielleicht im rituellen Schwitzbad, und nicht an die Öffentlichkeit gelangten.

Zweifelsohne spielt in den Visionen des späteren Sitting Bull der Donnervogel die wichtigste Rolle. Er gilt als die größte Ehre und die edelste Form, durch die der Große Geist Wakan Tanka zum Menschen spricht. Dementsprechend steht die Bruderschaft der »Heyoka« – der Donnervogel-Träumer – im höchsten Ansehen. Die Zugehörigkeit zu ihr birgt auch Gefahr: Wenn zeremonielle Fehler gemacht oder, noch schlimmer, festgeschriebene Zeremonien ganz unterlassen werden, läuft der Betroffene große Gefahr, durch Blitzschlag der zornigen Gottheit getötet zu werden. Als Abwehrmaßnahme malt Sitting Bull sich bei seinen Jagden und Kriegszügen zackige Blitze ins Gesicht.

Wohl aus diesem Status entwickelt Sitting Bull eine besondere Affinität zu gefiederten Lebewesen, zu Vögeln. Nicht nur daß das Bild eines Vogelmenschen seinen Schild ziert, er sagt auch, daß Wakan Tanka durch den Gesang der Feldlerche zu den Menschen spräche. Er verbietet den Buben, kleine Vögel zu töten, und es wird berichtet, daß er einmal sogar soweit geht, einen verletzten Finken gesundzupflegen – für einen Indianer eine außergewöhnliche Tat.

Merkwürdigerweise gehört es zum Ritus dieser würdigen, angesehenen Männer, sich in der Öffentlichkeit selbst zum Narren zu machen: Mitunter muß der »Heilige Mann« im heißen Sommer das dickste und wärmste Büffelfell überziehen; er muß bei gewissen Gelegenheiten rückwärts laufen oder verkehrtherum auf dem Pferd sitzen; er lacht, wenn andere weinen, und weint, wenn andere lachen. Ein besonders bizarrer Brauch besteht darin, bei einem gemeinsamen Schmaus Hände und Arme bis hin zu den Ellbogen in die heiße Suppe zu stekken und mit den Fingern das beste Stück Fleisch herauszuklauben und aufzuessen.

Ein anderes wichtiges Medium, um mit Wakan Tanka zu konferieren, ist für Sitting Bull die Pfeifenzeremonie. Er hält mit der rechten Hand den Pfeifenkopf, stopft ihn, zündet ihn an, raucht, hält das Mundstück senkrecht in die Höhe, murmelt einige beschwörende Worte und bläst den Rauch in alle vier Himmelsrichtungen. Er kann dann, wie die Chronisten berichten, »alles nur Mögliche voraussagen«.

Es ist eigentlich selbstverständlich, daß Sitting Bull – wie behauptet wird – gleich mehrfach die Tortur des Sun Dance über sich ergehen läßt. Zwar ist es schwierig, auch bei dieser großen und eindrucksvollen Persönlichkeit zwischen Legende und Wirklichkeit zu unterscheiden, doch spricht alles dafür, daß er sich dem Ritual mehr als einmal unterzogen hat.

Die roten Knaben und Mädchen wachsen »spielend« in diese Welt hinein. Bei den Buben sind es Reifenspiele, bei denen es gilt, mit Stöcken einen Weidenreifen in das Feld der Gegner hineinzutreiben; Wettläufe, bei denen sich Hunksni oder Slow als der Schnellste erweist und wo nur sein Freund »Crawler«, der »Kriechende«, halbwegs mithalten kann – »Nomen« korrespondiert diesmal nicht mit »omen«.

Ebenfalls spielend lernen sie mit den Pferden umgehen, reiten, Bogenschießen, Speerwerfen. Was uns grausam erscheinen mag: Es sind lebende Ziele, die sie für ihre Übungen nutzen, Vögel, Präriehühner, Hasen, Eich- und Erdhörnchen, Präriehunde – für einen heranwachsenden roten Jäger und Krieger ist das die natürlichste Sache der Welt. Der spätere Rang und das Ansehen als Erwachsener, aber auch sein Überleben hängen von den in diesem Stadium erworbenen Fertigkeiten ab.

Von dem späteren Sitting Bull heißt es, daß er schon in frühen Jahren ein solch hervorragender Bogenschütze ist, daß es ihm gelingt, einen Pirol, den schnellsten und wendigsten aller Vögel, im Fluge zu treffen.

Noch vor Erreichen der Pubertät werden die Buben mit auf die Jagd genommen. Sie sind es, die die Büffelkälber jagen und schießen. Die erwachsenen Krieger halten sich an die Büffelkühe und versuchen, die trächtigen unter ihnen zu erbeuten. Die zarten ungeborenen Kälber, die sie aus den Leibern herausschneiden, gelten als besondere Leckerbissen. Die mächtigen Bullen sind zwar eine geschätzte Trophäe, doch ihr zähes, fasriges Fleisch ist weit weniger beliebt.

»Slow« soll seine Beute generös im Camp verteilt haben. Im Gegensatz zu dem sonst ungezügelten atavistischen Verhalten ist die Großzügigkeit immer schon ein ausgeprägter Charakterzug der Sioux. Aber so ganz uneigennützig ist das alles natürlich nicht: Solche Gesten schaffen bereits in jungen Jahren die Grundlage für späteren Einfluß und Macht.

So geschickt und so draufgängerisch sie auch sein mögen, die Vierzehn- und Fünfzehnjährigen sind noch Knaben und keine Krieger. Um als solche zu gelten, müssen sie ihre Feuertaufe bestehen und einen Erfolg, möglichst einen »Coup« erzielen. Es liegt im Wesen des heranwachsenden Prärie-Indianers, daß er mit allen Fasern seines Wesens nach diesem Status strebt.

»Slow« ist etwa 14 Jahre alt, als die Hunkpapa um das Jahr 1845 am Powder River kampieren. Es ist jenes unsichere, umstrittene Jagdrevier, das auch von den Erbfeinden der Sioux, den Crow, frequentiert wird. Als einer der Jäger die Nachricht zurückbringt, er habe eine Gruppe Crow-Krieger gesichtet, ist es eine Sache von Stunden, bis sich ein Dutzend Krieger zu einer Raid auf deren Lager zusammenfindet.

Es ist Sitte und Brauch unter den erprobten Kämpfern, einen oder zwei Jungen mitzunehmen. Die Wahl fällt auf

Hunkesni, eine Ehre und ein aufregendes Abenteuer für den späteren Sitting Bull, die er sich auch nicht vom Rat seiner Familie ausreden läßt. Er färbt seinen Körper von Kopf bis Fuß mit gelber Farbe ein und besteigt ein starkes, schnelles, graues Pony, das ihm sein Vater speziell für diese erste Raid schenkt.

Nach drei Tagen vorsichtigen Ausspähens sichten die Hunkpapa eine Gruppe von zwölf berittenen, nichtsahnenden Crows, die sich in einem Bachbett zur Beratung versammelt haben. Die Angreifer überlegen nicht lange. Im vollen Galopp preschen sie unter schrillen Schreien, ihre Pfeile abschießend, auf die Crow zu. Die überraschten Feinde haben eben noch Zeit, Front zu machen und sich zu formieren, um den Angriff abzuwehren. Doch einer von ihnen verliert die Nerven, wendet sein Pony und flüchtet. »Slow« drückt seinem Pferd die Fersen in die Weichen und jagt hinterher. Sein Pony ist schneller als das des Crow. Er überholt, wendet, schlägt mit seinem Tomahawk den Gegner vom Pferd. Hunkesni oder »Slow« hat seinen ersten Coup erzielt. Daß ein anderer Hunkpapa hinter ihm hergeritten ist und den Crow-Krieger tötet, ist weniger wichtig.

Doch die anderen Crow geben so leicht nicht auf. Es entwickelt sich ein mörderischer Kampf, den nur vier von ihnen überleben. Sie flüchten.

Nach der Rückkehr der siegreichen Sioux steht Hunkesni im Mittelpunkt des Geschehens. Voller Stolz gibt sein Vater, noch Häuptling »Sitting Bull«, anläßlich des ersten Coups seines Sohnes ein Fest. Er steckt eine weiße Adlerfeder in seinen Haarschopf, er schenkt ihm ein weiteres Pony, malt ihn selbst von Kopf bis Fuß schwarz – der Farbe des Sieges – und führt ihn durch das Camp, damit alle von dem Ereignis erfahren. Schließlich überreicht er seinem Sohn einen Schild, der mit einer mystischen Figur bemalt ist, halb Vogel, halb Mensch, in den Farben rot, grün, dunkelblau und braun.

Es ist die Versinnbildlichung einer seiner geheimsten Visionen, die er mit vier an den Rändern im Quadrat aufgehängten Federn vervollständigt, das Symbol für das Kriegsglück aller vier Himmelsrichtungen. Dieser Schild aus Büffelfell ist viel mehr als ein Schutz gegen feindliche Tomahawks oder Pfeile, er ist Zeichen und Quelle einer übernatürlichen Kraft. Der Beschenkte wird während all seiner Kriegerjahre diesen Schild tragen.

Dann bedenkt Sitting Bull Senior seinen Sohn mit der größten vorstellbaren Geste: Er legt seinen eigenen Namen ab und übergibt ihn an Hunkesni oder »Slow«. Von diesem Zeitpunkt spricht niemand mehr von dem »Langsamen«, sondern nur noch von Sitting Bull. Der Alte nimmt den Namen »Jumping Bull« an.

Sitting Bull wird ab jetzt nicht nur als Mann und als vollwertiger Krieger angesehen, der Weg zum großen Häuptling ist geebnet.

Schon in jungen Jahren deuten sich bei Sitting Bull Visionen und damit die spätere Verbindung zur Welt der Geister an. Als er während einer ermüdenden Jagd an einem Flußufer eingeschlafen ist, träumt er von einem Vogel, der ihn beschwört, sich tot zu stellen. Sitting Bull erwacht, öffnet die Augen einen Spaltbreit und erblickt zu seinem Entsetzen einen riesigen Grizzlybären, der ihn von Kopf bis Fuß beschnuppert. Sitting Bull hält sich an den Ratschlag des gefiederten Traumbildes. Der Bär schnuppert noch eine Weile an ihm herum und trollt sich, ohne ihm auch nur eine Schramme zuzufügen.

Nicht lange danach hört Sitting Bull aus einem Felsspalt in den gebirgigen Black Hills hoch über sich eine an-

Ein Lager der Lakota irgendwo in der unendlichen Weite der Prärie

dere geisterhafte Stimme. Er klettert durch das Geröll und entdeckt in einem Felsschrund einen Adler. Sitting Bull interpretiert das Auftauchen des Götterboten als Prophezeiung, daß er eines Tages zur Führung seines ganzen Volkes ausersehen sei.

Diese von Lagerfeuer zu Lagerfeuer, von Tipi zu Tipi weitergetragenen Zeichen und Andeutungen aus einer übernatürlichen, geheimnisvollen Welt vergrößern den Respekt, den man ihm ohnehin bereits entgegenbringt. Einen Respekt, den er alsbald brauchen wird. Hunkpapa-Krieger haben eine Crow-Frau als Gefangene eingebracht. Doch bevor einer der Männer dieses »Beutestück« als seine Zweit- oder Drittfrau in sein Tipi führen kann, haben ein paar einflußreiche Sioux-Frauen das arme Geschöpf zur verachtenswerten Hure erklärt, es an einen Baum gebunden, Reisig rundherum aufgehäuft und in Brand gesteckt. Entweder traut sich keiner der Männer einzugreifen oder sie sehen das Geschehen als »Weibersache« und damit als unter ihrer Würde an. Nur der junge Sitting Bull faßt sich ein Herz und beendet mit einem gezielten Pfeilschuß die Agonie des Opfers wie auch den perversen Spaß der Sioux-Squaws.

Eine bemerkenswerte, unter den gegebenen Verhältnissen »humane« und mutige Tat für einen etwa Siebzehnjährigen. Er läuft damit Gefahr, in Zukunft als Weichling zu gelten, der kein verbranntes Fleisch riechen kann; er zieht sich zudem den Zorn der Frauen zu. Deren Einfluß endet zwar angeblich an den Wänden ihrer Tipis, geht aber unterschwellig viel weiter als äußerlich sichtbar.

Doch Sitting Bull soll bald darauf Gelegenheit haben, sich als unerschrockener Krieger zu zeigen: Nach einem geglückten Pferdediebstahl – wieder einmal sind die Crow die Opfer – werden sie von einer Gruppe wutschnaubender und rachelüsterner Gegner verfolgt. Sie werden eingeholt, und es entwickelt sich einmal mehr eine blutige Auseinandersetzung zwischen den verfeindeten Stämmen, die sich rasch in einen Kampf Mann gegen Mann auflöst. Bei dem Schußwechsel zwischen Sitting Bull und dem gegnerischen Häuptling wird der Sioux am Fuß getroffen, der Crow Chief aber von seiner Kugel getötet.

Sitting Bull kann zwar nicht an dem darauf folgenden Siegestanz teilnehmen, darf sich aber zusätzlich zu der weißen Adlerfeder seines ersten Coups jetzt auch die rote einer im Kampf erlittenen, ehrenvollen Verwundung anstecken. Die Blessur wird den zukünftigen Häuptling lebenslang zwar leicht hinken lassen, ihn aber nicht wesentlich behindern.

Im Krieg und bei der Jagd steht Sitting Bull seinen Mann. Bei einem Gefecht mit den Flathead ist er derjenige, der in der Taktik der Sioux den gefährlichsten Part übernimmt: Er reitet in vollem Galopp als lebende Provokation parallel zur Schützenlinie des Gegners in der Absicht, die Krieger zu unüberlegten Reaktionen herauszufordern, zum frühzeitigen Verschießen ihrer Pfeile und ihres Bleis.

Seine bevorzugte Waffe bei diesen Auseinandersetzungen ist seine Lanze mit der gekehlten Eisenspitze und ihrem zwei Meter langen, glasperlenbestickten und federgeschmückten Schaft aus Eschenholz. Es heißt, er könne diese Waffe mit vernichtender Kraft schleudern.

Sein Lieblingspferd ist ein Fuchs mit dem merkwürdigen Namen »Bloated Jaw«, was man mit »Aufgeblasene Backe« übersetzen könnte. Das Tier war zuvor von den Pawnee einem weißen Siedler gestohlen worden und – unrecht Gut gedeihet nicht – von den Sioux den Pawnee weggenommen worden. Doch bei denen scheint das alte Sprichwort sich ins Gegenteil zu verkehren. Bei der Jagd ist Sitting Bull dank Bloated Jaw stets zuerst an der Beute. Es heißt, daß er sich anläßlich solcher Gelegenheiten bis auf einen kleinen Schurz nackt auszieht, rot anmalt und bereits vier oder fünf Büffel erlegt hat, bevor die übrigen Jäger heran sind.

Im Gefecht ist es nicht anders. Der Fuchs sorgt dafür, daß Sitting Bull mit seinem Kriegsruf »Tatanka Iyotanka he miye« (Hier bin ich, Sitting Bull) als erster am Feind ist, daß er bei diesem durch seine Tollkühnheit für Überraschung und Verwirrung sorgt, so daß die ihm folgenden Krieger mit dem Schrei »Tatanka Iyotanka tahoksila« (Hier kommen wir, die Gefährten Sitting Bulls) relativ leichtes Spiel haben.

Mit jedem lebend – damit meist auch siegreich – überstandenem Gefecht und jeder erfolgreichen Jagd wächst der Ruhm des jungen Mannes. Er mag erst an die 25

Jahre alt sein, als er zum Anführer der »Strong Hearts«, der »Starken Herzen«, eines elitären Krieger-Geheimbundes, gewählt wird. Das äußere Zeichen dieser Kaste ist eine rote Schärpe, die um die Schultern geschlungen wird. Während des Kampfes wird ein Ende dieser Schärpe mit einer Lanze im Boden festgespießt. Der Anführer der »Strong Hearts« darf solange keinen Fußbreit über ihre Länge hinaus zurückweichen – bis ihn ein anderes Mitglied des Geheimbundes ablöst.

Diese Rolle scheint einem Mann wie Sitting Bull auf den Leib geschrieben: standhaft, furchtlos, tapfer. So wie sich ein Büffel unbeeindruckt mit dem Kopf gegen die Windrichtung dem heulenden Winterblizzard entgegenstemmt und sich behauptet, komme, was das wolle.

Auch sein Körperbau läßt Assoziationen mit einem Büffel zu: Im Gegensatz zu vielen Sioux ist seine Figur eher massiv denn schlank, obwohl er mit 1,75 Meter für die damaligen Verhältnisse keineswegs klein ist.

Allein schon sein Ruf als großer Jäger und unbesiegter Krieger macht ihn für die Frauen seines Stammes attraktiv. Er greift auch in dieser Hinsicht beherzt zu. Der Jungfernschaft der unverheirateten Mädchen wird zwar große Bedeutung beigemessen; gleichzeitig begegnet man mit lächelndem Verständnis den oft genug erfolgreichen Tricks und mehr oder weniger subtilen Strategien der jungen Männer, diese den Mädchen zu rauben.

Ähnlich steht es mit dem Frauenraub, der mitunter mit dem augenzwinkernden Einverständnis des Mannes geschieht, der sich dann zur »Revanche« dasselbe Recht herausnimmt. Eine Form des Frauentausches, die vor allem unter den Mitgliedern der »Strong Hearts« offenbar gang und gäbe ist. Inwieweit dieses Bäumchenwechsle-dich-Spiel auch von den Frauen mitgetragen oder provoziert wird, ist Grund zu mancherlei unbewiesenen Spekulationen. Wie aber die Lebenserfahrung zeigt, sind die Frauen nicht immer nur die ergeben duldenden Opfer der männlichen Promiskuität.

Bei aller vorgegebenen Wildheit eines Sioux werden dem jungen Sitting Bull weichere Facetten seines Charakters attestiert. So wird beispielsweise berichtet, daß er hin und wieder einem Hund einen Knochen oder gar ein Stück Fleisch zuwirft. Ein Sympathiebeweis, der einem rauhen, eher seine krustige Seite nach außen kehrenden Krieger normalerweise nicht einfällt.

Die Männer mögen oder respektieren ihn zumindest, weil er kühn und tapfer ist; die Frauen lieben ihn, weil er soviel Familiensinn entwickelt und ihnen bei jeder Art von internen Schwierigkeiten mit Rat und Tat zur Seite steht; die Kinder verehren ihn wegen seiner Zuwendung und Freundlichkeit. Offenbar besitzt der junge Sitting Bull ausreichend Selbstbewußtsein und hat auf anderen Feldern soviel Anerkennung gefunden, daß diese unter Kriegern unüblichen, weicheren Gesten seinem Ansehen keinerlei Abbruch tun.

Die Grenze rückt näher

Als Sitting Bull in den frühen dreißiger Jahren des vergangenen Jahrhunderts irgendwo in der Weite der Prärie das Licht der Welt erblickt, leben in den Vereinigten Staaten bereits elf Millionen Weiße und etwa zwei Millionen Menschen anderer Hautfarbe – etwa je zur Hälfte importierte Schwarze und seit Urzeiten ansässige Indianer. Doch die sogenannten zivilisierten Regionen liegen für die rund 3 000 Hunkpapa-Sioux in weiten, für sie nebligen Fernen: Rund 500 Meilen oder 800 Kilometer damals schwer überbrückbare, offene Prärie erstrecken sich zwischen ihrer Domäne und der fremden Welt der Weißen.

1851, zu Beginn von Sitting Bulls zweitem Lebensjahrzehnt, haben sich Fläche und Bevölkerungszahl der USA verdoppelt. Die sogenannte »Ewige Grenze« zwischen Weiß und Rot ist näher an die Hunkpapa-Welt herangerückt und ist zudem löchrig wie ein Schweizer Käse geworden. Ihr völliges Zusammenbrechen ist nur noch eine Frage der Zeit.

Viele Gründe sind hierfür verantwortlich: Einer ist der amerikanisch-mexikanische Krieg (1846-1848), durch den sich das Territorium der Vereinigten Staaten bis zum Pazifik ausweitet. Ein anderer ist das diplomatische Arrangement mit den Briten, das die Nordgrenze der USA im Westen und Mittelwesten auf den 49. Breitengrad festschreibt.

Auch über dem damals unter dem weiten Begriff »Oregon« firmierende Land jenseits der Rocky Mountains wird das Sternenbanner aufgezogen. Die unmittelbare Folge ist ein nicht abreißender Strom von Siedlern, der in Independence im Bundesstaat Kansas beginnt, 300 Meilen in nordwestlicher Richtung zum Platte River verläuft, dann dessen Südufer folgt, den North Platte als weitere Orientierung benutzt, an der Mündung des Sweetwater River in Richtung South Pass abzweigt, wo er die Wasserscheide der Rockies überquert.

Es ist eine Völkerwanderung, die 1842 mit hundert Pionieren und 18 Planwagen begonnen hat und in den folgenden Jahren neu und immer mächtiger einsetzt – jedes Frühjahr, sobald das Gras hoch genug sprießt, um unterwegs die Zugtiere mit Futter zu versorgen. Der Treck hält den ganzen Sommer über an, und erst im Herbst ebbt die Flutwelle wieder ab.

Wohl berührt der sogenannte Oregon Trail nur die südliche Grenze des Sioux-Territoriums, aber die Pioniere reiten nach Norden wie nach Süden weit hinaus in die Prärie, um sich und die Ihren mit dem immer rarer werdenden Fleisch der Wildtiere zu versorgen. Die bereits dezimierten Büffelherden meiden instinktiv diese für sie gefährlichen Regionen.

Ähnlich ist die Situation bei den Kolonnen gieriger und gut bewaffneter Prospektoren, der »Fourtyniners«, die sich auf der Suche nach den Goldfeldern Kaliforniens rücksichtslos ihren Weg durch das Indianerterritorium noch weiter im Süden bahnen. Auch die Mormonen sind zu neuen Ufern aufgebrochen. Sie folgen ebenfalls dem Platte und North Platte, um dort die Grenzen der Sioux-Jagdgründe zu verlassen und nach Südwesten abzubiegen.

Die »Go West Young Man«-Bewegung ist ins Rollen gekommen. Das bis dahin kompakte Indianerland westlich des Mississippi wird aufgebrochen und in Bruchstücke zerlegt. Den weißen Landräubern beginnt es zu dämmern, daß »The Great Desert«, daß die Prärie gar nicht so wüstenhaft und wertlos ist, wie man zuvor geglaubt hat.

Selbst wenn sie gewollt hätten - die Politiker in Washington können diese Entwicklung nicht stoppen. Außerdem gibt es niemanden von Einfluß, der überhaupt den ernsthaften Willen zu solch einer unpopulären und die eigene Karriere zerstörenden Maßnahme aufbringt.

Gleichzeitig findet eine erst unmerklich langsame, schleichende, dann immer schneller fortschreitende innere Wandlung der Prärie-Indianer statt. Es mag den stolzen Sioux gefallen oder nicht: Schon seit Generationen ist ihr Dasein ohne die freiwilligen und unfreiwilligen Mitbringsel der »Wasichus«, der Weißen, nicht mehr denkbar.

In erster Linie ist es den Pferden zu verdanken, daß sich die harte, aber unabhängige Lebensform des Steinzeitjägers zu Fuß zur Reiterkultur entwickelt hat - die Pferde bedeuten für diese Wildbeuter größere Reichweite und Beweglichkeit, damit eine größere Effizienz bei der Jagd, eine bessere Versorgung, die wiederum ihre Bevölkerungszahl ansteigen läßt. Darüber hinaus beinhaltet die neue Lebensform auch die Möglichkeit, überschüssige Beute gegen die Waren der Weißen einzutauschen. Die Einführung des Pferdes in die Neue Welt verschafft vor allem den Prärie-Indianern einen ungeheuren evolutionären Sprung vorwärts.

Die von den Sioux »Slota« genannten franko-indianischen Mischlinge, die Métis, kommen mit ihren schrecklich quietschenden, zweirädrigen Karren aus den nördlichen kanadischen Prärien herunter und tauschen die meist nützlichen und inzwischen unverzichtbaren Handelsgüter gegen Büffelfelle und Ponys ein. Teilweise reiten die Sioux aber auch mit ihren Packpferden zu den Forts der »Trader« am Missouri – wo der deutschstämmige Johann Jakob Astor aus Walldorf bei Heidelberg ein Pelzhandelsimperium aufgebaut hat. Oder sie verschaffen sich die nützlichen Gerätschaften und Konsumgüter auf ihren Beutezügen gegen die eigenen Rassegenossen – deren Opfer vorzugsweise die seßhaften Arikara sind.

Es sind Dinge des täglichen Gebrauchs, die das Leben ungeheuer erleichtern. Eiserne Töpfe für den Haushalt, Messer und Schaber für die Verarbeitung der Wildbeute, Stoffe für Kleider, Canvas für die Tipis, Wolldecken, Nadeln und Alen, Garne, Seile, »skipertogans« – Stahl und Zunder zum Feuerschlagen, Äxte und Beile für die Holzbearbeitung.

Es gibt auch begehrenswerte Dinge, die das Leben verschönern: Trade Silver, Silbermünzen, mit dem sich die Männer schmücken; ähnlich hoch im Kurs stehen die Deckel von Schnupftabakdosen. Sie werden abgelöst, aufgerollt und auf die Gürtel genäht. Bunte Glasperlen glitzern nicht nur auf den Gewändern der Frauen, sondern auch auf denen der Krieger; Taschenspiegel und Kämme sind begehrt; Genußmittel wie Tabak, Tee und gelegentlich auch Whiskey sind überaus geschätzt; süße Melasse und Zucker gelten als der absolute Luxus.

Vor allem aber zählen die Kriegswerkzeuge: eiserne Pfeilspitzen, Tomahawks, Lanzenspitzen und als Allerhöchstes die langläufigen sogenannten »trade guns«, die Vorderlader, die wiederum einen ständigen Nachschub an Pulver und Blei erforderlich machen.

All diese guten Dinge sind keinesfalls ein Geschenk des Himmels, sie müssen mit Büffelfellen und Pferden teuer bezahlt werden. Umgekehrt ist es jetzt möglich, mit den Reittieren, den eisernen Waffen, insbesondere mit den Musketen, viel mehr Büffel als je zuvor zur Strecke zu bringen. Das bedeutet aber auch, daß viele der Urrinder lediglich ihre Haut zu Markte tragen, während das Fleisch eine Beute der Coyoten, der Raben, der Füchse und Wölfe wird. Die erste Drehung der Schraube, die im Verein mit dem Landhunger der weißen Eroberer zur Dezimierung und späteren Ausrottung der Büffel – und damit auch zur Vernichtung der einzigartigen Reiter- und Kriegerkultur der Sioux und der übrigen Prärievölker führt –, wird von den Indianern mitvollzogen.

Es werden neue, zuvor unbekannte Bedürfnisse geweckt und geschaffen. Die einzige Möglichkeit, sie zu befriedigen, sind Pferde sowie die Büffel und ihre Felle. Ohne es zu merken, sägen die Indianer selbst an dem Ast, auf dem sie sitzen, und helfen mit, sich die Existenzgrundlage zu entziehen, sich das eigene Grab zu graben.

Das Verhältnis zu den Händlern ist keineswegs frei von Spannungen. Die Indianer sehen mit Entsetzen, welch unverantwortlichen Raubbau diese Weißen treiben: die gewaltigen Holzmengen, die für den Bau ihrer Block- und Lagerhäuser, für deren Beheizung, für die Palisaden als Verteidigung und ähnliches Drum und Dran gebraucht werden; die Hekatomben von Scheiten, die sie in die unersättlich gefräßigen Mäuler der Dampfschiffe hineinstopfen, die den Missouri bis nach Fort Benton im heutigen Montana hinaufschaufeln. Die Roten werden Zeuge, wie das Wild, wie vor allem die Büffel in einem immer weiteren Umkreis um die Handelsposten abgeschossen und durch Hausrinder ersetzt werden; sie erleben die erschreckende Demoralisierung ihrer eigenen Rassegenossen, die wie lästige Parasiten um jedes der Forts der Weißen herumhängen und dem Feuerwasser und den Krankheiten der Bleichgesichter zum Opfer fallen.

Es ist nicht klar, ob Männer wie Sitting Bull das ganze Ausmaß dieser bedrohlichen Entwicklung erkennen. Sie können sie allenfalls erahnen, weil sich ihr Gesichtskreis zwangsläufig auf ihre nähere Umgebung beschränkt. Die Indianer fühlen sich zu der ihnen fremden und unverständlichen Kultur zugleich hingezogen und von ihr abgestoßen. Mit der ihnen eigenen Arroganz lachen sie einerseits die bärtigen Bleichgesichter aus, sie beneiden sie aber andererseits um ihren Besitz. Und da nach ihrem Verständnis Überfall, Raub und Totschlag ein gebräuchliches und legitimes Mittel sind, eigenes Renommee und eigenen Reichtum zu mehren, glauben sie – wie seit Generationen üblich – sich nicht nur bei den Nachbarstämmen, sondern auch bei den Weißen bedienen zu können.

Es gibt weiße Politiker und Militärs, die durchaus die potentiellen Gefahren dieser Entwicklung erkennen. Sie wissen, daß Blut fließen wird. Viel Blut. Sie können warnend ihre Stimmen erheben, doch gegen den Strom der Zeit kommen sie nicht an.

Gefahren erwachsen daraus, daß die Pioniere auf ihrem Weg in den »Goldenen Westen« nicht nur selbst Ziel der indianischen Angriffe werden, sondern sie liegen ebenso darin, daß die Trecks zwischen die Fronten zweier sich befehdender Stämme geraten und ganz unbeabsichtigt in Mitleidenschaft gezogen werden.

Die Beamten in den Behörden wissen sehr wohl, daß die alten Verträge nicht mehr zu halten sind, die dieses scheinbar endlose Land westlich des Mississippi, »solange die Flüsse fließen und das Gras wächst« – auf ewige Zeiten also – den Indianern überschrieben hatten. Also müssen neue her, »um den veränderten Bedingungen

Rechnung zu tragen«, wie es so schön im Beamtenjargon heißt.

Dem Indianer-Agenten Thomas Fitzpatrick obliegt es 1851, die nördlichen Präriestämme zu einem umfassenden Council im Fort Laramie am North Platte River zusammenzurufen. Dem unter dem Namen »Broken Hand« bekannten einstigen »Mountain Man« gelingt tatsächlich die Organisation dieses größten Council aller Zeiten.

Zwischen acht- und zwölftausend Indianer versammeln sich vor den Palisaden des Forts. Es kommen die Cheyenne, die Arapaho, die Crow, die Shoshone, die Hidatsa, die Arikara, die Mandan, die Assiniboine – und natürlich auch die Sioux. Es erscheinen, wie unter Rothäuten üblich, nicht nur die Häuptlinge, die Sprecher oder sonstigen Würdenträger, sondern sie kommen mit großem Gefolge, mit ihren Familien, Pferden, Hunden, mit Kind und Kegel und Hab und Gut und einer möglichst beeindruckenden Anzahl von Kriegern.

Es erhebt sich alsbald vor den Palisaden des Forts ein scheinbar endloses Dickicht von Tipis; das Gras wird

Fort Laramie nach einer Darstellung von Alfred Jacob Miller

knapp, und ein für die weißen Nasen unerträglicher Geruch breitet sich aus.

Von der anderen Seite, von Osten her, rumpeln schwerbeladene Planwagen mit Nahrungsmitteln und Geschenken heran. Es gilt, eine freundliche Atmosphäre zu schaffen, um die Verhandlungen im Sinne der Weißen positiv zu beeinflussen. Es gilt weiter, einmal mehr und wieder auf »ewige Zeiten« den Frieden zwischen Indianern und Weißen zu besiegeln. Was nur bedeuten kann, daß die Freiheiten und der Lebensraum der Ureinwohner Nordamerikas weiter beschnitten wird.

Jeder der Stämme soll sich mit den von den Weißen vorgegebenen Grenzen zufriedengeben und sich ausschließlich innerhalb dieser Grenzen bewegen. Damit sollen die ständigen Überfälle, die Kämpfe untereinander unmöglich gemacht und mehr Sicherheit für die immer häufiger in das Indianerterritorium eindringenden oder auf ihren Trails durchziehenden weißen Pioniere gewährleistet werden. Die Fragmentierung des Indianerlandes geht weiter. Da immer noch Platz genug vorhanden ist und die Territorien zur Existenzsicherung der Präriestämme - wie es scheint - immer noch ausreichend groß sind, sieht man in diesem Vorgehen eine vernünftige und auch für die Eingeborenen verträgliche Lösung.

Voraussetzung zu alledem ist das »Wohlverhalten« der Indianer, das man beispielsweise den Sioux mit der jährlichen Ausgabe von Waren im Werte von 50 000 Dollar auf die Dauer eines halben Jahrhunderts schmackhaft zu machen versucht.

Es ist durchaus möglich, daß Sitting Bull an dem großen Spektakel teilnimmt. Doch der Rat eines solch jungen, wenn auch einflußreichen Kriegers ist - noch - nicht gefragt.

Das angestrebte Arrangement hat seinen Ursprung in den Köpfen von Theoretikern und Bürokraten. Es hat den gravierenden Nachteil, daß es nicht funktioniert – daß es ganz einfach nicht funktionieren kann. Und das nicht nur aus simplen, sondern sehr mannigfaltigen Gründen. Ein erster besteht darin, daß die meisten der Häuptlinge nur für einen Teil ihres Volkes sprechen können. Ein zweiter, daß ein indianischer Häuptling seine Vorstellungen, seine An- und Einsichten selbst bei seinen direkten Anhängern nur bedingt durchzusetzen vermag. Ein dritter Grund ist die Existenzgrundlage der Roten: die Büffel. Genausowenig wie diese mächtigen Wanderer sich an vorgegebene Routen und Territorien halten, können es die Jäger. Ein vierter ist die tiefverwurzelte Tradition der gegenseitigen Feindschaft zwischen einzelnen Stämmen. Es wäre vielleicht einfacher gewesen, einem Wolfsrudel die Hetze auf ein krankes Büffelkalb zu untersagen, als einer Bande junger, hitzköpfiger, ruhm- und beutegieriger Sioux-Krieger den Überfall auf ein isoliertes Assiniboine- oder Crow-Camp zu verwehren.

Wenn ein Weißer, ein Packer, ein Pionier, ein Jäger oder Cowboy so unvorsichtig ist, den Zugriff auf seinen Besitz zu ermöglichen (was soviel heißt wie: diesen nicht ausreichend und effektiv zu verteidigen), dann besteht die Gefahr, außer Hab und Gut auch Leib und Leben zu verlieren. Ein beredtes Beispiel sind die Leichen von fünf Abenteurern, die in den Black Hills gefunden werden. Neben der erstarrten Hand von einem der Männer liegt ein Zettel mit den hastig und falsch hingekritzelten Worten: »All kilt but me ...«

Ein wesentlicher Wesens- und Charakterzug der jungen indianischen Jäger und Krieger ist ihre unbezähmbare Raub- und Mordlust. Sie ist ein Teil ihrer Natur und genauso schwierig abzustellen wie der Beutetrieb einer Wildkatze.

Der junge Sitting Bull und seine Spießgesellen machen in dieser Hinsicht keine Ausnahme. Die Verlockung, Skalps und Besitz der Weißen zu erbeuten, ist – da risikovoller – erheblich größer als Überfälle auf die Camps der Crow oder Assiniboine.

Umgekehrt gilt bei vielen Weißen der traurige, inzwischen klassische und so zynische Satz: »Nur ein toter Indianer ist ein guter Indianer.« Oft sehen übermütige Pioniere jeden friedlich vorbeiziehenden roten Jäger als eine lebende Zielscheibe für ihre Gewehre an und feuern munter drauflos. Oder aber sie sind selbst zuvor Opfer oder Zeuge eines Raubes, Überfalls oder sonstiger Mißhelligkeiten geworden und glauben, ihren Rachegelüsten an jeder roten Haut freien Lauf lassen zu müssen, die ihnen über den Weg läuft.

Das sind nur einige der Ursachen, die den großen Plan eines Arrangements mit den Prärievölkern von vornherein zum Scheitern verurteilen.

Trotz des Council von Fort Laramie ist die Situation in den frühen fünfziger Jahren des vergangenen Jahrhunderts brisant wie ein Pulverfaß, in dessen unmittelbarer Umgebung von beiden Seiten her mit Feuer hantiert wird.

Der Funke, der 1854 zur Explosion, zum ersten größeren Blutvergießen zwischen den Weißen und Eingeborenen der nördlichen Prärien führt und zu dem folgenden, sich über Jahrzehnte hinziehenden Flächenbrand, ist ein denkbar läppischer Anlaß. Es geht um nichts weiter als die Lächerlichkeit einer fußkranken Kuh.

Auf dem Mormonen-Trail ist das magere, lahmende Rind eines der »Heiligen der Letzten Tage« auf dem Wege ins Gelobte Land am Great Salt Lake zurückgeblieben. Ein junger, hungriger Sioux Brulé, High Forehead, kreuzt den Weg der Mormonen, tötet das bedauernswerte Tier, schlachtet es und ißt es gemeinsam mit seinen Kumpanen auf.

Der Eigner der Kuh kampiert bereits vor dem Fort Laramie, als er vom Schicksal seines Rindviehs erfährt. Außer sich vor Wut stürmt er in das Fort und verlangt finanzielle Kompensation für seinen Verlust in Höhe von 25 Dollar. Als dies abgelehnt wird, verlangt der fromme Mormonen-Pionier, die Army solle sich der Sache annehmen. Sie sei für die Indianer verantwortlich und müsse das Geld eintreiben.

Der junge Brulé High Forehead sieht ein, daß er etwas angerichtet hat, was sich aller Wahrscheinlichkeit nach seiner weiteren Kontrolle entziehen wird. Schutzsuchend flüchtet er in das Camp des Häuptlings Conquering Bear.

Conquering Bear – der Frieden halten will – reitet nach Fort Laramie und bietet zehn Dollar Kompensation. Der Mormone dagegen besteht auf seiner weit überzogenen Forderung von 25 Dollar. Es werden einige hitzige Worte gewechselt, nach denen Conquering Bear verärgert in sein Lager zurückreitet.

Nun befinden sich unter den Militärs aller Nationen neben durchaus vernünftigen Männern auch fürchterliche Dummköpfe. Zur letzteren Spezies gehört ein junger Absolvent der berühmten Militärakademie West Point, Lieutenant Grattan. Mit einer Abteilung von 30 Soldaten marschiert er in Conquering Bears Camp, um die Auseinandersetzung zugunsten des Mormonen mit militärischen Mitteln – Sieg oder Untergang – zu Ende zu bringen.

Im Camp angekommen, läßt der Army-Offizier seine Truppe Gefechtsposition einnehmen und die beiden kleinen, mitgeführten Kanonen in Stellung bringen. Mit Nachdruck und säbelrasselnd fordert er den vom Weißen angesetzten Betrag für die Kuh oder die Überstellung des Schuldigen. Conquering Bear lehnt ab; es fliegen weitere, emotional aufgeladene Argumente hin und her.

Grattan läßt das Feuer eröffnen. Conquering Bear und eine Reihe anderer Brulés werden tödlich getroffen. Die übrigen Krieger brauchen nicht lange, um sich von ihrem Schrecken zu erholen. Angesichts ihres sterbenden Häuptlings schlagen sie rasend vor Wut zurück und hauen Grattan und seine Abteilung buchstäblich in Stücke.

Ein einziger Soldat überlebt. Er kann sich schwerverwundet zurück ins Fort schleppen und seine Schilderung von dem blutigen Kampf geben, bevor auch er dahinscheidet.

Die Militärs sprechen danach von dem Grattan-Massaker und sinnen auf Rache. Die beteiligten Indianer prahlen von ihrem großen Sieg über die gefürchteten Langmesser. Die Eskalation des Geschehens ist so unausweichlich wie der auf den Blitz folgende Donner.

Im Frühjahr 1855 erscheint General William S. Harney mit 600 Soldaten auf der Bildfläche. Seine Truppe überfällt das friedliche Dorf der Brulé am Blue Water Creek, wo sich Conquering Bears Nachfolger Little Thunder eingerichtet hat. Die Soldaten töten 85 Sioux – Männer, aber auch Frauen und Kinder – und nehmen weitere 70 gefangen. Die Indianer bezeichnen darauf Harney als »Mad Bear«, als »wütenden (oder verrückten) Bären«, ein Name, den sich der General mit diesem Massaker redlich verdient hat. Waffenrasselnd, mit großem Getöse und um so weniger menschlichem Gespür führt er seine Truppen mitten durch das Stammland der Sioux, überwintert im Fort Pierre und zitiert die Häuptlinge zu einem weiteren Council, an dem auch Sitting Bull teilnimmt.

Im Gegensatz zu den üblichen Gepflogenheiten läßt sich der General auf keinerlei Gespräche ein. Er nennt lediglich seine Bedingungen, wonach:

1. jeder Indianer, der einen Weißen ermordet oder andere Verbrechen begangen hat, dem Kommandierenden des nächsten Militärpostens zu überstellen ist;

2. jegliches gestohlene Gut unverzüglich ebenfalls dort abgeliefert wird;

3. die Indianer sich nicht in der Nähe der von Weißen genutzten Trails aufhalten dürfen und jeder, der diese Vorschrift mißachten sollte, der Army überstellt werden muß.

Als Gegenleistung werde die Army, so erklärt der Befehlshaber, die am Blue Water Creek gemachten Gefangen zurückbringen und »die Sioux vor Übergriffen der Weißen schützen«.

Für jeden der anwesenden Stämme benennt Harney einen Oberhäuptling und macht ihn verantwortlich für die Einhaltung seiner Bedingungen. Wenn die Indianer selbst nicht dazu imstande seien, werde er mit seinen Truppen auf dem Plan erscheinen und seinen Willen durchsetzen, erklärt der General kurz angebunden.

Bear Rib – Häuptling und Sprecher der Hunkpapa – erwidert dem Offizier, solch ein Verhalten sei unter den Indianern weder üblich noch möglich.

Harney antwortet kurz und bündig, daß darauf das Schicksal von Little Thunder und seinen Brulé die einzig denkbare Konsequenz sei.

Für Sitting Bull sind diese Verhandlungen eine nachhaltige Lektion: Mit den Befehlshabern der Langmesser ist nicht zu reden. Sie verlangen Unmögliches. Der junge Krieger hat aber auch die Machtentfaltung der Weißen beobachtet und erkannt, daß in einer direkten Konfrontation selbst ein zahlreiches und kriegstüchtiges Volk wie die Sioux gegen diese Militärmaschinerie keine Chance hat.

Glücklicherweise wird General Harney bereits im folgenden Jahr abgelöst. Sein »Vertrag« mit den Sioux erlangt keine Rechtsgültigkeit und verschwindet als undurchführbar in irgendwelchen Schubladen der Behörden. Doch die von ihm benannten »Oberhäuptlinge« werden von der weißen Bürokratie weiter als die Vertreter ihrer Stämme angesehen und auch als solche behandelt. Leider sind sie dies in der Realität keineswegs, obwohl nicht wenige von ihnen auf die von des weißen Mannes Gnaden ererbten Privilegien pochen. Da sie durchaus ihre Anhängerschaft besitzen, entwickeln sich daraus reale Machtverhältnisse, aber auch tiefe Risse innerhalb der Stammesverbände. So sucht der Hunkpapa Bear Rib den Ausgleich – Sitting Bull und seine Anhängerschaft dagegen die Konfrontation. Die einzelnen Stämme werden noch unregierbarer, als sie ohnehin schon gewesen sind.

Vor allem viele der jungen Krieger pfeifen auf jegliches Wohlverhalten, halten sich weder an Empfehlungen noch Vorschriften, ganz gleich von welcher Seite sie kommen mögen: Wenn ihnen fremde Rote über den Weg laufen und sie glauben sich ihnen überlegen, dann greifen sie an, morden, plündern, schänden, so wie es seit Urzeiten auf den Prärien Usus war. Sie sehen nicht ein, weshalb sie mit den Weißen anders verfahren sollen. Im Gegenteil, hier ist mehr zu holen, an Gütern wie auch an Ruhm und Anerkennung. Also treiben sie es entsprechend und werden dreist und immer dreister. Weiße bleiben auf der

Strecke und ebenso Indianer. Was wiederum Racheakte zur Folge hat, bei denen es weder der einen noch der anderen Seite darauf ankommt, die wirklich Schuldigen zu finden oder gar zu bestrafen. Es geht schlicht darum, jeden Tropfen des von den Angehörigen der eigenen Rasse vergossenen Blutes mit einem Strom von Blut der anderen zu vergelten.

Diese Haltung mag als Anlaß zu dem Überfall der Hunkpapa und Blackfeet auf Fort Union dienen. Als am 22. August 1860 der Wachhabende von Fort Union am frühen Morgen die Tore des Handelspostens öffnet, sieht er zu seinem Entsetzen, daß an die 200 Hunkpapa und Blackfeet Sioux genau auf diesen Augenblick gewartet haben und in vollem Galopp auf das Tor zupreschen. Geistesgegenwärtig und in letzter Sekunde gelingt es dem Wachmann, die Pforte wieder zu schließen und mit einem Balken zu verriegeln. Die Schutztruppe ist schnell alarmiert und besetzt die Verteidigungspositionen.

Die nächsten Minuten sind voll nervöser Spannung. Die Indianer trauen sich nicht, anzugreifen – die Verteidiger nicht, zu schießen, um die zahlenmäßig weit überlegenen Roten nicht noch weiter zu provozieren. Die jungen Krieger zerstören daraufhin erst mal die außerhalb der Palisaden liegenden Gebäude, zünden die Planwagen, die Heu- und Holzstapel an, töten das Vieh auf der Weide und steigern sich in eine Orgie von Destruktion und Vandalismus. Als sich endlich eine Gruppe der wildesten unter ihnen mit brennenden Holzscheiten in den Fäusten der Palisade nähert, läßt der Chief Trader das Feuer eröffnen. Einer der Angreifer wird getötet, einige weitere verwundet.

Das heiße Temperament der roten Krieger ist abgekühlt. Sie werfen sich auf ihre Pferde und sind im Handumdrehen verschwunden.

Es ist anzunehmen, daß Sitting Bull an diesem Unternehmen teilgenommen hat, genau wie an so manchem anderen Überfall. Auf der anderen Seite ist er der Vertrauensmann eines weißen Händlers. Er kauft für den im Fort Berthold residierenden Trader Pierre Garreau Büffelfelle auf und organisiert ihren Transport zum Handelsposten. Dadurch dehnt er Ansehen und Einfluß, die er ohnehin bei den jungen Kriegern besitzt, auch auf andere Hunkpapa aus.

Trotz alledem sind diese Ein- und Übergriffe und auch das Blutvergießen eher punktuelle Ereignisse im Schnittpunkt zweier gegensätzlicher Kulturen und sehr unterschiedlicher Machtverhältnisse und werden auch als solche angesehen. Im großen und ganzen ist die Grenze – noch – ruhig. Doch das soll sich ändern. Wieder einmal kommt die Lunte dem Pulverfaß ungewollt zu nahe.

»Sollen sie doch Gras fressen!«

Man schreibt inzwischen das Jahr 1862. Mouse und One-That-Limps, zwei hitzköpfige Sans-Arc-Sioux, fordern den Hunkpapa-Häuptling Bear Rib ultimativ auf, die Verbindungen mit den Weißen abzubrechen und keine Geschenke mehr anzunehmen. Auch Bear Rib weiß, daß die Zeit des Stillhaltens und Taktierens abgelaufen ist, daß die Sioux-Krieger den Kampf wollen. Er lenkt ein, versucht aber, die bereits im Fort Pierre gestapelten Handelsgüter der Weißen für sich und die Seinen abzutransportieren. Darüber kommt es zu einem Wortgefecht, in dessen Verlauf Mouse seine Waffe hebt, schießt und Bear Rib tödlich verwundet. Bear Rib hat gerade noch genug Leben in sich, die Hähne seiner Doppelflinte abzudrükken und Mouse ebenfalls in die Ewigen Jagdgründe zu befördern.

Mit dieser Bluttat ist die wichtigste, um einen Ausgleich bemühte Persönlichkeit der Hunkpapa aus dem Spiel der Kräfte herausgefallen.

Im selben Jahr wird im Quellgebiet des Missouri Gold entdeckt. Die Stampede der Goldsucher ergießt sich über den sogenannten Bozeman Trail durch die traditionellen Jagdgründe der Lakota. Das wollen und können die Indianer nicht hinnehmen.

Weiter im Nordosten in Minnesota, in jener fruchtbaren, savannenähnlichen Zone, wo das Waldland in die offene Prärie übergeht, wo die Santee-Sioux oder Dakota in bislang friedlicher Nachbarschaft mit den weißen Siedlern in einem Reservat leben, das nur noch einen Bruchteil ihrer einstigen Jagdgründe ausmacht, kommt es zu einer blutigen Rebellion der Roten. Der Aufruhr wird die übrigen Sioux bis hin zu den Lakota und damit auch Sitting Bulls Hunkpapa in Mitleidenschaft ziehen.

Die Santee oder Dakota leben unter schwierigen Verhältnissen: Die Jagdgründe reichen nicht mehr aus, um die Eingeborenen zu ernähren. Die jährlichen Warenlieferungen der Behörden, die die Indianer zum Ausgleich für das von ihnen freiwillig abgegebene, riesige Land erhalten sollen, kommen - wenn überhaupt - verspätet und/oder werden von korrupten Händlern für angebliche und wirkliche Schulden zurückbehalten.

Die Vorhaltungen, die einsichtige Leute gegen die Trader vorbringen, werden mit harschen Worten, wie dem von Andrew Myrick geäußerten: »Sollen sie doch Gras fressen«, abgetan. Niemand glaubt im Ernst, daß diese halbzivilisierten und in den Augen der Siedler degenerierten Rothäute sich noch zu irgendwelchen Aktionen aufraffen könnten. Die unruhig gewordenen Indianer erfahren von Andrew Myricks dummdreister Aussage und schwören blutige Rache.

Eine Gruppe hungernder Dakota belagert und stürmt dann ein Lagerhaus. Sie beginnen, das dort gestapelte Mehl abzutransportieren. Prompt tritt das Militär auf den Plan. Aber noch einmal gelingt es, die erhitzten Gemüter durch die Verteilung von Lebensmitteln zu besänftigen.

Wieder einmal ist der Anlaß, ist der Funke, der das Pulverfaß zur Explosion bringen wird, unglaublich trivial und fast lächerlich.

Eine Gruppe junger Santee kommt nach erfolgloser Jagd frustriert, abgehetzt und hungrig des Weges, als sie zufällig in einem Graben ein Hühnernest finden. Sie wollen eben die rohen Eier austrinken, als einer von ihnen zur Vorsicht mahnt, weil die Henne und damit auch die Eier einem weißen Siedler gehören.

Ein anderer wird darüber so wütend, daß er die Eier auf die Erde schmettert und damit seine tiefe Abscheu vor allen Bleichgesichtern und ihrem Eigentum zum Ausdruck bringt. Böse Worte kreuzen sich, der eine bezeichnet den anderen als Feigling. Die Sache schaukelt sich hoch, und vier der jungen, erfolglosen Jäger beschließen, als äußerstes Zeichen ihres Mutes und ihrer Unerschrokkenheit, einen Weißen zu töten.

Sie gehen zur nächstgelegenen Farm. Sie gehört Robinson Jones. Nach einem kurzen Disput mit dem Siedler scheint die Roten jeglicher Mut zu verlassen. Robinson Jones geht, nichts Böses ahnend, hinüber zu seinen Nachbarn, den Bakers. Die Indianer folgen ihm, obwohl sie immer noch unsicher sind.

Irgend jemand kommt auf die Idee, einen Schießwettbewerb – target shooting – zwischen den Roten und den Weißen zu veranstalten. Die Indianer wittern ihre Chance und veranlassen die Weißen, zuerst zu schießen. Die lassen sich gutgläubig und nichtsahnend darauf ein. Bezeichnend für die friedliche und unbekümmerte Atmosphäre zwischen Weiß und Rot ist, daß die Farmer so unvorsichtig sind, ihre Vorderlader nicht sofort wieder mit Pulver und Blei zu bestücken.

Die Sioux drehen sich auf ein plötzliches Kommando um und erschießen Jones, Baker, einen dritten Mann, Mrs. Jones und ihre Tochter. Dann werfen sie sich, ohne zwei weitere dabeistehende, wehrlose Frauen zu behelligen, auf ihre Pferde und preschen in wilder Jagd davon.

Sie suchen Schutz im Dorf des Häuptling Red Middle Voice. Er ist ein notorischer »Troublemaker«, der um sich herum eine Schar weiterer unruhiger Geister versammelt hat. Red Middle Voice beruft noch in der Nacht einen Council bei dem Oberhäuptling Little Crow ein.

Little Crow hat bislang eine geschickte Schaukelpolitik zwischen Weiß und Rot betrieben. Er ist sich bewußt, daß ein Aufstand in einem blutigen Desaster enden wird – doch die anderen Indianer sind diesmal zum Kampf entschlossen. Little Crow hat die Wahl, den Aufstand anzuführen oder jegliches Ansehen unter den Santee zu verlieren. Er muß Farbe bekennen. Nach kurzer Überlegung wählt er rot. Ob er sich dabei von dem für die Sioux günstigen Umstand lenken läßt, daß sich Amerika mitten im blutigen Bürgerkrieg befindet, daß die regulären Einheiten der Nordstaaten auf anderen Schlachtfeldern kämpfen und verbluten, daß er nur mit einer relativ schwachen Gegenwehr zu rechnen braucht, ist möglich, aber nicht erwiesen.

Die Aufständischen verlieren keine Zeit: Schon am frühen Morgen schleichen sie um die Lower Agency genannte Agentur herum, wo der verhaßte Trader Andrew Myrick residiert. Als er nichtsahnend aus der Tür tritt, trifft ihn eine der ersten Kugeln. Die Indianer stopfen dem Toten einen Büschel Gras zwischen die Zähne und lassen ihn liegen.

Das Massaker nimmt seinen Lauf. Allein der Überfall auf die Lower Agency kostet 23 Weiße das Leben. Wenn einige überleben, so ist das lediglich der Tatsache zu verdanken, daß die Santee zu sehr von der Plünderung der Agentur und mit der wiederholten Vergewaltigung der zehn gefangenen Frauen in Anspruch genommen sind. Das Schicksal dieser armen, bedauernswerten Geschöpfe ist kaum dem der Getöteten vorzuziehen: Im Gegensatz zu vielen Waldindianern des Ostens kennen die Sioux keinerlei sexuelle Tabus oder irgendwelche Vorbehalte hinsichtlich ihrer weiblichen Beute. Mit brutaler Gewalt schänden und malträtieren sie nach perverser Lust und Laune.

Gleichzeitig greifen andere Santee-Banden die meist isolierten Farmen der Umgebung an. Sie brennen, plündern, zerstören. Sie steigern sich in einen Blutrausch und töten wahllos Männer, Frauen und Kinder. Sie bringen Leute um, mit denen sie vorher im gegenseitigen Respekt verkehrten oder gar in freundschaftlicher Beziehung standen. Wieder andere werden - offenbar ebenso wahllos - von ihnen verschont oder gewarnt, und man gibt ihnen Zeit zur Flucht.

Der Sioux Other Day versammelt beispielsweise an der Upper Agency 62 angstschlotternde Weiße in einem Backstein-Lagerhaus. Er bewacht und sichert es mit ein paar Freunden die ganze Nacht hindurch vor den Übergriffen seiner eigenen Stammesgenossen. Am nächsten Morgen bringt er die Männer, Frauen und Kinder über den Minnesota River in Sicherheit.

Die Santee-Rebellen haben leichtes Spiel. Ein Großteil dieser Siedler sind Deutsche, Schweden und sonstige

Rebellische Indianer bei der Verfolgung eines Siedlers nach »Harpers Weekly«

Skandinavier. Viele unter ihnen besitzen nicht einmal eine Feuerwaffe. Sie haben keinerlei Erfahrung und hatten bis jetzt auch nicht die geringste Ursache, sich gegen Überfälle wehren zu müssen oder überhaupt etwas in dieser Richtung zu befürchten. Bis zu diesem schrecklichen Zeitpunkt lag ihnen der Gedanke fern, Hab und Gut, Haus und Hof, Leib und Leben mit der Waffe in der Hand verteidigen zu müssen. Es sind überaus tüchtige Siedler, aber keine der »echten Grenzer«, die in jeder Situation ihre Muskete geladen und griffbereit in Reichweite halten; die nach dem Prinzip verfahren, erst zu schießen und dann zu überlegen, ob der Besucher sich in feindlicher oder harmloser Absicht nähert; die lieber zwei Dutzend Indianer zuviel als einen einzigen zuwenig töten.

Als die Schreckensnachrichten Sacred Creek erreichen, versammeln sich dreizehn Familien. Statt in einem massiven Blockhaus Schutz zu suchen und sich mit den hier vorhandenen Waffen auf Leben und Tod zu verteidigen, laden die Farmer Frauen und Kinder auf ihre Planwagen und versuchen die Flucht in Richtung Fort Ridgely.

Eine kleine Gruppe von Sioux-Kriegern holt sie ein und überredet sie zur Umkehr. Nicht sie, sondern die Chippewa (Ojibwa) befänden sich auf dem Kriegspfad und sie, die Santee, würden die Bleichgesichter beschützen. Die Siedler akzeptieren den scheinbar hochherzigen Vorschlag und lassen in unverständlicher Blauäugigkeit ihre Vorderlader in einem der Wagen liegen. Als die Sioux sich durch hinzukommende Spießgesellen stark genug fühlen, eröffnen sie das Feuer und töten 25 Menschen – Männer, Frauen und Kinder.

Einer der Helden des Tages ist der Old Mauley genannte Fährmann, der mit seinem Riverboat, unbeeindruckt vom Feuer der Indianer, Hunderte von flüchtenden Siedlern in die Sicherheit des jenseits des Minnesota River gelegenen Fort Ridgely stakt. Bis ihn dann doch eine gutgezielte Kugel niederstreckt.

Die außer Rand und Band geratenen Rothäute ziehen raub- und blutgierig, mordend, brennend, plündernd immer weiter sich ausdehnende Spiralschleifen. Sie hinterlassen qualmende Trümmer und Leichen über Leichen. Allein in dem vom ursprünglichen Unruheherd mehr als 30 Meilen entfernten Brown County fallen an die 60 deutsche Siedler dem Blutrausch der Santee zum Opfer.

Das Wort Massaker ist das einzige Äquivalent für das blutige Gemetzel des ersten Tages, über das sich niemand einen Überblick verschaffen kann. Keiner weiß oder ahnt auch nur, welche Ausmaße dieser Flächenbrand von Mord und Destruktion angenommen hat.

Als die ersten Flüchtlinge nach Fort Ridgely hineinströmen und immer schlimmere Schreckensnachrichten verbreiten, marschiert Captain John Marsh mit einer Abteilung von 48 Mann in Richtung der Fähre zur Lower Agency, wo der Aufruhr seinen Anfang genommen hat. Aber die Santee haben an dem Übergang einen Hinterhalt gelegt. Sie töten 25 Mann, unter ihnen auch Captain Marsh. Nicht einmal die Hälfte entkommt.

Fort Ridgely befindet sich in einer prekären Situation. Die Schutztruppe beträgt einschließlich der demoralisierten und erschöpften Überlebenden des Gefechts an der Minnesota Ferry nur rund 50 Mann. Das Fort selbst ist nur schwer zu verteidigen. Bei seinem Fall wäre das gesamte untere, schon relativ dicht besiedelte Tal des Minnesota River den roten Rebellen schutzlos preisgegeben.

Little Crow sieht diese Chance und schlägt einen Angriff auf Fort Ridgely vor. Doch die Indianer sind keine disziplinierte Truppe, die auf Gedeih und Verderb ihrem Befehlshaber gehorcht. Ein Umstand, der das Leben Hunderter, vielleicht Tausender Menschen retten wird.

Statt sich in den ermüdenden und wahrscheinlich verlustreichen Kampf um das Fort verwickeln zu lassen, überfallen die jungen Krieger viel lieber einzelne Farmen und Ranches. Sie zeigen Chief Little Crow die kalte Schulter und befriedigen auf weniger risikovolle Art und Weise Beutetrieb und Blutdurst.

Es kommt, wie es kommen muß. Die schwache Garnison von Fort Ridgely kann sich durch frisch gemusterte junge Männer aus der weiteren Umgebung auf die Zahl von rund 200 Waffentragenden verstärken, bevor es Little Crow endlich gelingt, rund 400 Krieger zum Angriff auf das Fort zu mobilisieren.

Von allen Seiten attackiert, gelingt den Sioux das Eindringen in die Siedlung. Doch als endlich die verrosteten Kanonen des Forts in Aktion gebracht werden und in rascher Folge ihre tödlichen Schrapnell-Ladungen herausspeien, müssen die Rothäute den Angriff – aber keinesfalls die Belagerung – abbrechen.

Zwei Tage später läßt Little Crow erneut angreifen. Seine Krieger können wieder in das Fort eindringen, aber zum zweiten Mal sind es die Kanonen, die den Ausschlag geben und den Überfall stoppen. Little Crow wendet sich nun gegen die deutsche Siedlung von New Ulm, die inzwischen beachtliche 900 Einwohner hat. Doch hier hat man ernsthafte Verteidigungsvorkehrungen getroffen, eine Miliz gebildet und Verstärkungen aus der Umgebung zusammengezogen. Als Little Crow angreift, stellen sich ihm an die 250 Bewaffnete entgegen.

Die erste vehemente Attacke der Rothäute läßt die Verteidiger aus dem Vorfeld Hals über Kopf zurück in die

Siedlung flüchten. Erst hier, wo die Weißen merken, daß es um Kopf und Kragen geht, sammeln sie sich und stehen ihren Mann. Es kommt zu erbitterten, die Angreifer verzettelnden und ermüdenden Häuserkämpfen. Statt durch den erhofften schnellen Handstreich können die rebellierenden Santee nur durch zähen, aufreibenden Einsatz, mit Systematik und Durchhaltewillen zum Erfolg kommen. Das entspricht weder ihrem Wesen noch der gewohnten Kampfesführung. Ein überraschender Ausfall der Miliz verwirrt sie noch weiter – also ziehen sie sich zurück und verlassen das Schlachtfeld.

Bei weitem nicht alle Indianer haben an dem Angriff teilgenommen. Die übrigen morden, plündern, sengen und brennen weiter. Die Überfälle ziehen ihre blutige Spur hinunter bis zur Grenze nach Iowa, wo eine Siedlung der Norweger angegriffen wird und die Pioniere 13 Opfer zu beklagen haben.

Fort Abercrombie im Norden muß sich ebenfalls gegen eine vehemente Attacke wehren, aber die dortige Garnison von Regulären ist rechtzeitig gewarnt worden. Ihr stehen Feldhaubitzen zur Verfügung. Die Verteidiger verlieren nur zwei Mann und schlagen den Angriff zurück.

Nach etwa einer Woche beginnen sich die militärischen Gegenmaßnahmen der Weißen mit dem Einsatz von stärkeren Infanterie-Einheiten großflächig zu organisieren. Es kommt zu einer Reihe von Gefechten, in denen sich das Militär zwar behaupten, aber die indianischen Rebellen weder in ihre Schranken weisen, noch entscheidend schlagen, geschweige denn vernichten kann.

Erst einen vollen Monat nach dem ersten Blutvergießen in der Lower Agency hat Commander Sibley die

Streitmacht von 1600 Soldaten, darunter einige Artillerie-Einheiten, zusammengerafft. Zum erstenmal steht den Indianern eine Truppe gegenüber, die ihnen wirklich Paroli zu bieten vermag. Prompt kommt es zur sogenannten Schlacht am Wood Lake, wo die Indianer einen Hinterhalt gelegt haben. Er wird frühzeitig entdeckt, die Soldaten können sich formieren, den Angriff abwehren. Da aber die Truppe keine Kavallerie-Abteilung zur Verfügung hat, kann sie die Gegner nicht verfolgen und deshalb keinen durchschlagenden Erfolg erzielen. Commander Sibley läßt sich trotzdem als der große Sieger feiern und wird zum Brigadegeneral befördert.

Häuptling Little Crow erkennt, daß sich die Lage der Santee zu ihren Ungunsten verändert hat. Er und seine Anhänger bereiten den Exodus zu ihren weit im Westen der Prärie lebenden Stammesgefährten vor, zu den Yankton beziehungsweise Teton Sioux. In der Weite der Prärien glaubt man sich auch vor den Rachegelüsten der Weißen und des Militärs in Sicherheit.

Obwohl die Absicht besteht, die 250 gefangenen Weißen und Halbblut-Indianer zu töten, können ein paar einsichtige und einflußreiche Santee-Krieger wenigstens dieses Massaker verhindern.

Little Crow und der größte Teil seiner Gefolgschaft setzt sich nach Westen ab, ohne daß ihn das Militär daran hindern kann. Eine ganze Reihe der roten Rebellen jedoch bleibt, nachdem das Feuer des Aufstandes in sich zusammengefallen ist. Sie ziehen die Köpfe ein und hoffen, irgendwie den Repressalien der Weißen zu entgehen.

Die Haupttäter sind entkommen, aber an die 400 Mitläufer, von denen man argwöhnt, daß auch an ihren Händen kostbares »weißes« Blut klebt, sollen in einem großen Spektakel gemeinsam gehängt werden. Die Teilnahme an einem Gefecht, einer Plünderung oder ähnlichem ist ausreichend, das Verdikt der Todesstrafe auszusprechen. Einmal mehr geht es nicht darum, die wirklich Schuldigen an den Pranger zu stellen, sondern den durchaus verständlichen Schrei nach Rache zu befriedigen.

Einige der 400 fallen durch die Maschen der sogenannten Rechtsprechung. Es bleiben immer noch 306 Santee Sioux, die die Hochzeit mit des Seilers Tochter feiern sollen.

Obwohl ganz Minnesota nach Vergeltung schreit, will die Regierung in Washington kein neues Blutbad und erst recht keine weitere Kette von gegenseitigen Racheakten. Man hat mit dem zwischen Nord und Süd tobenden Bürgerkrieg ohnehin alle Hände voll zu tun.

Am 26. Dezember 1862 – ein Tag nach Weihnachten – erfüllt sich das Schicksal der letztendlich übriggebliebenen 38 Todeskandidaten. Während sie ihren eintönigen Todesgesang anstimmen, werden die verurteilten Santee gemeinsam zur Richtstätte geführt und gehängt.

Die Rebellion hat einen breiten Streifen von ungefähr 80 mal 300 Kilometer des Siedlungsgebiets von Minnesota entvölkert. Etwa 30 000 Siedler sind geflüchtet und nach Süden in Richtung Mississippi gezogen. Unter den Weißen gibt es rund 700 Tote zu beklagen. Es ist nicht bekannt, wieviel Indianer in den Kämpfen und Gefechten ihr Leben verloren haben. Der Leidensweg der überlebenden Santee, aber auch vieler unbeteiligter Sioux ist im Gegensatz zu dem der Weißen noch lange nicht zu Ende.

Die zwangsläufige Folge der Flucht der Hauptübeltäter ist eine Rache- und Strafexpedition in die Prärien des Westens, in das neue Refugium von Little Crow und seinen Anhängern. Über 6 000 Blauröcke marschieren in zwei

Gruppen – einer nördlichen unter General Sibley und einer südlichen unter Brigadegeneral Sully – in einer riesigen Zangenbewegung, um die flüchtigen Santee einzukesseln und zu vernichten. Doch die leichtfüßigen und beweglichen Indianer weichen aus. Es kommt zu einigen Gefechten, in die auch die Yankton, die Teton und damit die Hunkpapa und letztendlich auch Sitting Bull verwikkelt werden.

Im Verlauf dieser Auseinandersetzungen müssen auch die sich selbst für unbesiegbar haltenden Lakota einsehen, daß sie gegen eine solch große, gut bewaffnete und entsprechend geführte Truppe in der ebenen Prärie in offener Feldschlacht keine Chance haben. Vor allem gegen die Tod und Verderben speienden »Feuerwagen«, die Artillerie, besitzen sie kein Gegenmittel. Doch die offene Konfrontation ist ohnehin nicht ihre Kampfesweise. Sie beschließen, sich in Zukunft noch vorsichtiger zu verhalten und nur anzugreifen, wenn die eigene Übermacht gesichert ist.

Die Army hat trotz ihres Engagements im Bürgerkrieg laut säbelrasselnd auf den Prärien Flagge gezeigt. Sie hat die Indianer beeindruckt, hat in verschiedenen Gefechten rund hundert Sioux-Krieger getötet und eine ganze Reihe von Tipis vernichtet. Es ist ihr aber nicht gelungen, die an dem Minnesota-Aufstand beteiligten Santee zu fassen, noch die übrigen Sioux zu späterem Wohlverhalten oder gar in die Knie zu zwingen. Militärisch gesehen ist der Schlag ins Leere gegangen.

Trotzdem entgeht Little Crow, der Anführer der Rebellion, nicht seinem Schicksal. Im Spätsommer 1863 werden – wieder in Minnesota – zwei nichtsahnende Indianer, ein älterer Mann und ein Junge, von einem Siedler beim Beerenpflücken überrascht. Der Siedler erschießt den Älteren aus dem Hinterhalt, während der Junge entkommt. Der Körper des Toten endet nicht identifiziert auf dem Schindanger des Schlachthauses.

Als nach vier Wochen der Junge gefaßt wird und seine Identität preisgibt, erfährt man, daß der getötete Indianer kein anderer als Häuptling Little Crow war. Dem Bericht des Sohnes zufolge waren er und sein Vater nach Minnesota gekommen, um Pferde zu stehlen. Die Katze kann das Mausen nicht lassen...

Das »Grab« eines bedeutenden Sioux-Kriegers

»Tötet sie alle!«

Im August 1862 brechen von Fort Benton, dem Endpunkt für die Dampfschiffahrt auf dem Missouri, rund 500 Goldsucher auf. Auf der Suche nach dem gelben Glück in den Rocky Mountains queren sie auf dem sogenannten Bozeman Trail die Jagdgründe der Lakota. Sie versorgen sich »vom Lande«, das heißt, sie schießen rücksichtslos alles Wild ab, dessen sie habhaft werden können.

Dieser Zug der »Argonauten«, wie sie sich selbst nennen, ist kein einmaliger Vorgang. Er wird in den kommenden Jahren weiter anschwellen und zu einem ununterbrochenen Strom werden. Die Sioux sehen darin eine existentielle Bedrohung, die es zu bekämpfen gilt. – Die Army sieht sich auf der anderen Seite einmal mehr gezwungen, Hab und Gut, Leib und Leben der Weißen zu schützen.

Die Horden der aus Minnesota geflüchteten Santee und die sie verfolgende Militärmaschinerie trägt nicht eben zur Beruhigung der Gemüter bei. Die Lage ist so explosiv, daß viele der entlang des Missouri lebenden Siedler ihre Habe packen und in sichere Regionen abziehen.

Doch die Lakota oder Teton fühlen sich immer noch unbesiegbar. Sie schicken großmäulige Botschaften an das Militär, in denen sie die Truppen verhöhnen und nach »echten Soldaten und nicht nach Weibern in Uniformen« verlangen. Ihre Aktionen beschränken sich vorerst auf die klassische Guerilla-Taktik der überraschenden Nadelstiche. Sie rauben das für die Versorgung der Truppen in den Forts wichtige Vieh, sie überfallen die Planwagenzüge der Goldgräber auf dem Weg in die Rockies, sie greifen Patrouillen und Vorposten des Militärs an.

Bei einem solchen Unternehmen töten drei junge Krieger einen Offizier, der sich allein zu weit vorgewagt hat. Eine Kavallerie-Abteilung nimmt die Verfolgung auf, stellt und erschießt die drei Rothäute. Dann wird einer der Soldaten beauftragt, den Toten die Köpfe abzuschneiden und sie auf der weit und breit höchsten Erhebung auf Pfähle zu stecken, »um alle des Weges kommenden Indianer eindringlich zu warnen«, wie der Befehl des Generals Sully lautet.

Für die Sioux ist das ein Akt widerlicher Barbarei und eine ungeheuerliche Provokation. Sie glauben, daß ein getöteter Krieger – so wie er gefallen ist – in die Ewigen Jagdgründe einziehen wird. Über die Hiebe, Stiche und Schußwunden hinaus, die zu seinem Tod führten, darf der Gegner den Gefallenen nicht weiter verunstalten. Aus diesem Grund riskieren die Roten oft Kopf und Kragen, um ihre Toten zu bergen.

Dabei sind sie selbst nicht frei vom Hang zu solchen Exzessen. Jetzt aber haben die bärtigen Langmesser jenen drei tapferen Kriegern, die soeben einen ihrer Häuptlinge, einen Offizier also, getötet hatten, hinterhältigerweise die Köpfe abgeschnitten. Ruhmbedeckt – aber kopflos müssen die drei in das Indianerwalhall einziehen. Eine furchtbare Schande, die einmal mehr nur mit Blut abgewaschen werden kann.

Es ist eine der vielen Bestialitäten der Weißen in einem unerklärten Krieg und gleichzeitig eine unverzeihliche Dummheit des kommandierenden Generals. Auf der einen Seite zeigt er eine unglaubliche Arroganz gegenüber den »primitiven Wilden«, auf der anderen Seite agiert er auf demselben, wenn nicht gar unter deren »primitiven« Niveau.

Möglicherweise liegt hier die unausgesprochene Absicht des Militärs. Es provoziert mit dieser Handlungsweise Racheakte. Das Geschehen eskaliert zwangsläufig und gibt den Anlaß zu »noch energischerem Eingreifen« von seiten der Weißen. Es wird viel mehr Blut als je zuvor auf den Prärien fließen.

Ende Juli 1864 formieren sich die Sioux bei Tahchakuty am Fuß der Killdeer Mountains trotz ihrer vorhergehenden bitteren Erfahrungen zur Schlacht. Auf der Seite der Lakota nehmen selbstverständlich auch die Hunkpapa und damit Sitting Bull teil.

Der Hunkpapa Lone Dog übernimmt die Aufgabe, die Feindseligkeiten zu eröffnen. In voller Kriegsbemalung und prächtigem Federschmuck, den Soldaten wüste Beschimpfungen entgegenschleudernd, reitet er in unverschämter Provokation vor der weißen Front auf und ab. Lone Dog glaubt sich im Besitz einer Medizin, die ihn kugelfest machen wird. Ist es Glück, Zufall oder die schiere Kraft seiner Überzeugung? Er übersteht unverletzt den Kugelhagel.

Im Verlauf der sich entwickelnden Kämpfe müssen die Indianer einmal mehr einsehen, daß sie mit Pfeil und Bogen, mit ihren »trade muskets«, den Vorderladern, gegen die weittragenden Karabiner und vor allem gegen die Kanonen der Blauröcke keine Chance haben. Kämpfend ziehen sie sich vor den ständig feuernden und langsam, aber stetig vorrückenden Soldaten zurück.

Sitting Bull ficht mit der üblichen Bravour, bis sein Onkel Four Horns von einer Kugel im Rumpf getroffen wird. Während er in einem Versteck versucht, Four Horns Wunde zu versorgen, haben die Soldaten das Lager erreicht. Die Frauen und Kinder sind in die Killdeer Mountains geflüchtet, die Krieger haben sich zurückgezogen. Die Soldaten äschern die Tipis ein, zerstören die Wintervorräte, die ganze Habe der Indianer. Sie verfahren nach dem Prinzip der verbrannten Erde. Wenn sie die Indianer nicht mit ihren Kanonen und Karabinern töten können, dann werden sie ihnen die Existenzgrundlage entziehen und sie auf diese Art vernichten.

Auch wenn die Sioux nur relativ wenige Krieger verloren haben und weit davon entfernt sind, den Kampf aufzugeben: Das Gefecht in den Killdeer Mountains ist einmal mehr eine bittere Lektion für die Indianer. Der verlorene Besitz und die zerstörten Vorräte sind nur schwer kompensierbar. Sitting Bull scheint die Vergeblichkeit dieser Art der Kriegführung einzusehen.

Four Horns genest wieder. Später wird behauptet, die Karabinerkugel, die sich noch immer in seinem Körper befindet, sei auf seltsame Art in seinen Magen gerutscht und würde ihn nicht mehr belästigen.

Auch ein nochmaliger Versuch der Indianer, diesmal im Verein mit den Cheyenne, das Schlachtenglück in den Badlands des Missouri zwischen Heart und Yellowstone River zu wenden, erweist sich als ergebnislos und für die Roten verlustreich.

Sitting Bull greift seinerseits mit seinen Hunkpapa einen Planwagenzug der Goldgräber von 100 Fahrzeugen und starker militärischer Bedeckung an. Wie üblich ist er selbst als erster heran und wirft sich auf einen Kavalleristen, um diesen vom Pferd zu reißen. Doch der Soldat feuert in letzter Sekunde seinen Revolver ab und trifft Sitting Bull in die linke Hüfte. Die Kugel tritt aus seinem Rücken wieder aus – ein glatter Durchschuß. White Bull und sein Adoptivbruder Jumping Bull kommen dem

Schwerverletzten zur Hilfe und führen ihn, den Häuptling zu beiden Seiten stützend, aus dem Gefecht. Jumping Bull versorgt die Wunde, während seine Gefährten ein Dutzend Weiße töten und die Prospektoren zwingen, die Weiterfahrt anzuhalten und eine Wagenburg zu errichten.

Sitting Bull kommt mit dem Leben davon. Während der Wochen seiner Kampfunfähigkeit zeigt sich in ihm ein anderer, seinem bis dahin demonstrierten unüberlegten Draufgängertum gegensätzlicher Charakterzug.

Unter den Hunkpapa lebt Fanny Kelly, die weiße Gefangene des Kriegers Brings Plenty (Reiche Beute). Als Kompensation für die empfindlichen materiellen Verluste des Sommers versuchen die Sioux, die Frau gegen sechs Wagenladungen mit Handelswaren einzutauschen. Doch das Militär verlangt statt dessen die bedingungslose Freilassung der Gefangenen. Die Blauröcke drohen mit schweren Repressalien, wenn ihre Forderung nicht erfüllt wird.

Der Council beschließt als Zeichen des guten Willens und der Friedfertigkeit die Freilassung der Frau. Doch Brings Plenty will sie nicht hergeben, bis dann Sitting Bull die Sache in die Hand nimmt und Brings Plenty »überzeugt«. Eine Sioux-Delegation bringt Fanny Kelly nach viermonatiger Gefangenschaft in das Fort Sully.

»Ich habe es ihrem Gesicht abgelesen, ich konnte sehen, sie hatte Heimweh«, erklärt ihr Befreier und setzt später hinzu: »Auf diese Art wurden wir sie am ehesten los.«

Sitting Bull bezieht trotz dieses Einlenkens eine klare Position, die er bis zu seiner endgültigen Übergabe im Prinzip nicht verlassen wird: Nachdem die Weißen ihre militärische Präsenz bis in die Jagdgründe der westlichsten Gruppierung der Sioux, der Lakota oder Teton, vorgeschoben haben, bedeutet das für ihn, sich entweder dem Schicksal zu fügen und damit den moralischen Untergang seines Volkes in Kauf zu nehmen oder zu kämpfen.

Sitting Bull entscheidet sich für den Kampf. Es gilt, das Vorrücken der Langmesser nicht nur zu bremsen, sondern die »Wasishus«, die Weißen, wieder aus den angestammten indianischen Jagdgründen zu vertreiben. Wenn sie nicht freiwillig abrücken, müssen sie dazu gezwungen werden. Es ist ein Ziel, das nur mit der Beharrlichkeit und Durchhaltekraft eines sitzenden Büffels zu erreichen ist ... wenn überhaupt.

Sitting Bull wird, *nomen est omen,* während der nächsten 17 Jahre alles daran setzen, dieses Ziel zu erreichen. Doch dazu braucht er die Mittel, das heißt, bessere und modernere Waffen und die entsprechende Munition. Die fast schon vergessenen »Slotas«, die Halbblut-Händler aus den kanadischen Prärien, sollen ihm beides beschaffen.

Obwohl Bear Ribs Sohn sowohl den Namen wie auch die Friedenspolitik seines ermordeten Vaters fortführt, gewinnen die militanten Hunkpapa innerhalb des Stammesgefüges und damit Sitting Bull die Oberhand. Die Krieger fordern ihn auf, seiner Aufgabe als Kriegshäuptling nachzukommen und die Weißen aus ihrer Nachbarschaft und von ihren Jagdgründen zu verjagen.

Doch schreckliche Nachrichten erreichen die Sioux von ihren befreundeten Nachbarn im Süden, den Cheyenne: Der Prediger Chivington, ein Kirchenältester der Methodisten, hat in Denver und im übrigen Colorado eine 750 Mann starke Freiwilligentruppe ausgehoben. Als ihm die Rolle als Feldgeistlicher angeboten wird, lehnt er ab. Er fordert und erhält statt dessen die Rolle des Kommandeurs. Sein erstes Ziel ist eine Strafexpedition gegen die Southern Cheyenne von Black Kettle. Die Siedler haben schwer unter ihnen gelitten, doch ihr Häuptling Black Kettle versucht inzwischen mit allen Mitteln, zu einem friedlichen Ausgleich mit den Weißen zu kommen. Aber die hitzköpfigen jungen Krieger der Dog Society kann er nicht kontrollieren.

Es kommt einmal mehr nicht darauf an, die wahren Schuldigen zu bestrafen, sondern nach dem alttestamentarischen »Auge um Auge, Zahn um Zahn« Rache zu üben. »Tötet und skalpiert sie alle, groß und klein; aus Nissen werden Läuse!« fordert der Kirchenmann Chivington von seiner Truppe, bevor sie über das friedliche Cheyenne-Dorf am Sand Creek herfallen. Black Kettle winkt verzweifelt mit einer amerikanischen Fahne angesichts der rücksichtslos mit Kanonen und Karabinern in das Dorf hineinschießenden Truppen. Es hilft nichts. Die Kanonade und das Gewehrfeuer hören nicht auf.

An einen geordneten Widerstand der Krieger ist nicht zu denken. Black Kettle, vor dessen Augen seine Frau verwundet und dann blutend am Boden liegend von einem vorlaufenden Soldaten nochmals beschossen und getroffen wird, kämpft wie ein Berserker. Den sicheren Tod vor Augen gibt er keinen Zoll seiner Position preis, bis er von seinen jungen Kriegern mit Gewalt vom Ort des Gemetzels weggebracht wird. Wie ihnen aufgetragen, massakrieren die Soldaten rücksichtslos alles, was ihnen vor die Bajonette kommt – die Männer, vor allem aber die Frauen und Kinder. Sie verbrennen die Tipis, zerstören alle Vorräte, deren sie habhaft werden können.

Der hinterher durchgeführte »body count« ergibt die »stolze Zahl« von 163 toten Indianern. Darunter sind 110

Frauen und Kinder und nur 53 Männer. Ein alter Haudegen wie Kid Carson, dem nun wirklich nicht das Attribut eines Indianerfreundes zugesprochen werden kann, bezeichnet die Initiatoren der Metzelei später als »Hunde und Feiglinge«.

Die wenigen überlebenden Cheyenne schließen sich den Sioux an. Unter den Davongekommenen ist ein junger, sich zufällig im Dorf am Sand Creek aufhaltender Oglala Sioux namens Crazy Horse. Er ist jemand, der nur ganz wenige Worte macht, aber um so entschlossener handelt. Sein ganzes späteres Leben lang werden ihm die Todesschreie der Cheyenne-Frauen und -Kinder in den Ohren klingen. Er schwört den Weißen erbarmungslose Rache, und sowohl im Alleingang wie auch in Gemeinschaft mit Sitting Bull wird er seinen Schwur hundertfach einlösen.

Die Präriestämme, allen voran die Sioux, wissen jetzt, was sie von den Weißen zu erwarten haben. Die Stimmung wird immer kriegerischer, der Schrei nach Rache immer lauter. Die auf Mäßigung hinarbeitenden Häuptlinge und Ältesten verlieren an Einfluß.

Entlang des Oregon und Mormon Trail beiderseits des Platte River werden Wagenzüge angegriffen, Menschen getötet; Ranches werden niedergebrannt – die Siedlung Julesburg wird zweimal überrannt und ausgeplündert. Kleinere Militärabteilungen werden überfallen und niedergemacht. Die Prärie-Indianer tragen die Brandfackel des Aufruhrs bis in die Vororte von Denver.

Bei den Lakota haben die Oglala unter Man-Afraid-of-His-Horse und Red Cloud die militärische Führungsrolle übernommen. Der kriegerische Funke springt rasch über, und ein Großteil der Hunkpapa schließt sich ihnen an. Aus Anlaß des Sun Dance kommen auch die Sioux Blackfeet (die nicht mit den Algonquin-verwandten Blackfoot der nordwestlichen Prärien verschwägert sind), die Miniconjou, die Sans Arc und die überlebenden Cheyenne zum großen Pow Wow.

Gleichzeitig verstärkt die Army den Druck auf die Roten. Im Sommer 1865 rückt Brigadegeneral Patrick Connor mit drei Marschgruppen in Richtung der Black Hills und der Region am Powder River vor. Auch General Sully wird wieder aktiv.

Die Aufforderung Connors an seine Soldaten lautet: »Wir werden angreifen und jeden über zwölf Jahre alten Indianer töten. Pardon wird nicht gegeben. Tötet die Cheyenne, wo auch immer ihr sie findet!«

Glücklicherweise findet er sie nicht. Auch die Sioux halten sich zurück. Das ist der Zeitpunkt, zu dem General Sully die Häuptlinge zu Friedensgesprächen ins Fort Rice am oberen Missouri einlädt.

Einige Häuptlinge, unter ihnen Bear Rib der Jüngere von den Hunkpapa, folgen der Einladung und verstärken mit ihrem Anhang die im Fort stationierten Truppen. Andere Sioux bleiben bei ihrer feindseligen Haltung. Sie attackieren die Außenpositionen des Fort Rice, die zum Holzfällen abkommandierten Soldaten, die zur Versorgung wichtige Rinderherde, die Nachschubeinheiten. Zwangsläufig geraten Sioux mit Sioux, Hunkpapa mit Hunkpapa aneinander und bekämpfen sich. Nicht nur der Stamm, auch die Stimmung ist geteilt.

Sitting Bull bleibt bei seiner unversöhnlichen Haltung. Er muß, um den größeren Teil der Hunkpapa hinter sich zu bringen, ein deutliches Zeichen setzen. Er braucht einen demonstrativen Erfolg. Mit einer Gruppe von Kriegern greift er einen Außenposten nördlich des eigentlichen Fort Rice an.

Sitting Bull reitet, über und über mit roter Farbe bemalt, nackt auf seinem schnellen Fuchs Bloated Jaw. Er führt den Angriff an. Die Besatzung des Vorpostens zieht sich zurück. Gleichzeitig rückt ein Großteil der eigentlichen Garnison aus, um der Attacke zu begegnen. Ständiges Feuer der Infanterie und Artillerie-Unterstützung lassen Sitting Bull keine andere Wahl, als seinen Überfall abzubrechen.

Auch wenn der Aktion kein Erfolg beschieden ist – Sitting Bull und seine Krieger haben Flagge gezeigt. Die sogenannten Friedensverhandlungen, die nur zu Lasten der Indianer ausgehen können, sind damit erst einmal auf Eis gelegt.

Der Häuptling und seine Krieger wenden sich darauf gegen General Connors Abteilung, die in das Gebiet nördlich der Black Hills vorgedrungen ist. Die 300 Sioux haben gegen die über 2 000 Mann starke Truppe keine Chance, aber sie halten sie in ständiger Unruhe und Alarmbereitschaft, reiten immer wieder überraschende Offensiven. Diesmal kommt ein Wettersturz den Indianern zu Hilfe: 225 der entkräfteten Zugtiere des Militärs sterben in den Sielen, Verpflegungswagen müssen zurückgelassen werden und fallen den Indianern in die Hände. Und noch immer greifen die Sioux in überraschenden Attacken an und fügen der Truppe weitere Verluste zu.

Als die Hunkpapa genug haben und erschöpft das Gefecht abbrechen, übernehmen die Oglala ihre Rolle. Sie kommen scheinbar aus dem Nichts, fegen auf ihren Ponys heran, schießen ihre Musketen und Pfeile ab, treiben die Zugtiere weg, fügen der Truppe noch mehr Verluste zu und verschwinden spurlos in der weiten Prärie. General Connors Armee schrammt in dem erbarmungslosen

Wetter und unter den Angriffen der Indianer nur knapp am totalen Desaster vorbei.

Ein Angehöriger der Militärbürokratie rechnet später die materiellen Kosten des Feldzugs aus. Er kommt auf die damals horrende Summe von 30 Millionen Dollar. Mit diesem enormen finanziellen Aufwand ist es während des Jahres 1865 der beeindruckenden Streitmacht von 8 000 Soldaten gelungen, 15 bis 20 Indianer zu töten – wobei es nicht einmal sicher ist, ob wirklich alle »Kombattanten« waren.

In Washington wird nach erfolgreicher Beendigung des Bürgerkriegs Generalmajor William Tecumseh Sherman das Kommando des Militärbezirks »Mississippi« übertragen. Diese riesige Region erstreckt sich von der kanadischen Grenze bis hinunter nach Texas und vom Ol' Man River bis zum Kamm der Rocky Mountains. Generalmajor Sherman, von dem es unter anderem heißt: »Er war ein Mann, dem auch die geringste Spur von Taktgefühl vollkommen fremd war«, geht das »Indianer-Problem« auf seine Art an: Er läßt als erstes die Freiwilligen-Abteilungen demobilisieren. Nach seiner Ansicht ist die Armee für diese Aufgabe zuständig. Sie wird sie mit der rücksichtslosen, unbeteiligten und tödlichen Effektivität eines zwar langsamen, umständlichen, aber unwiderstehlichen Bulldozers lösen. Nach seiner Ansicht braucht diese Armee, »um keinen Rost anzusetzen«, nach den Kämpfen und Schlachten des Bürgerkriegs eine neue Aufgabe. Hier ist sie!

Die Pioniere und Siedler im Westen sind über den vermehrten Einmarsch der Blauröcke und die Demobilisierung der Milizen und Freiwilligen-Verbände keinesfalls erfreut. Viele von ihnen sind – auch wenn mancher dabei ins Gras beißen mußte – nur zu gern in den Krieg gezogen. Da ständig die glücklicherweise unbestätigte Rede davon ist, daß ein einziger Skalp der verhaßten Rothäute mit einer Prämie von 100 Dollar honoriert werde, sind viele jungen Männer nach wie vor bereit, sich den Milizen anzuschließen.

Doch damit räumt General Sherman jetzt auf. Er ist der Ansicht, der Job des Kämpfens und Tötens sei ausschließlich der Army vorbehalten. Wenn es dabei zu furchtbaren Metzeleien und schrecklichen Grausamkeiten kommen sollte, so würde man sich mit dieser bedauernswerten, aber unvermeidlichen Begleiterscheinung abfinden müssen. Das sei auch während des eben überstandenen Bürgerkriegs, wo Weiße Weiße, wo Amerikaner Amerikaner massakrierten, nicht anders gewesen. Shermans Ansicht ist ferner, daß die Armee nicht aus einem berechtigten oder unberechtigten Haßgefühl gegen die Indianer heraus agiert. Er versucht, die der Armee gestellte Aufgabe zu erfüllen – ohne nach Recht oder Unrecht zu fragen.

Trotzdem kommt es im Spätherbst 1865 zu Friedensgesprächen, an denen auch Sitting Bull teilnimmt. Das Bureau of Indian Affairs lockt mit Jahresrationen, die die Indianer von den Zufälligkeiten der Jagd unabhängig machen – und gleichzeitig den Besitz der Siedler für sie weniger begehrenswert erscheinen lassen sollen. Die einzige Bedingung ist, daß die Rothäute sich von den Siedlungen und den Reiserouten der Weißen ein für allemal fernhalten müssen.

Wenig später, im Frühjahr 1866, als sich die Soldaten am Missouri direkt gegenüber der Einmündung des Yellowstone mit Fort Buford eine Basis schaffen, die unmittelbar auf das Stammland der Hunkpapa zielt, gibt es für diese Sioux keine andere Wahl, als sich gegen die Bedrohung mit kriegerischen Mitteln zur Wehr zu setzen.

Indianer als Täter und Opfer – Überreste eines von vielen Massakern irgendwo in der Prärie

Bereits 1862 hatte John Bozeman mit seinem Partner Jacobs einen Trail zu den Goldfeldern der nördlichen Rockies in Montana abgesteckt, der mitten durch die Jagdgründe der Sioux führte. Der Trail verlief von Fort Laramie in nordwestlicher Richtung, kreuzte den oberen Powder River, lief dann an der Ostseite der Bighorn Mountains vorbei und endete im neugeschaffenen Montana Territory. Vor allem das Revier am Powder River hatte sich nach der Vertreibung ihrer Erbfeinde, der Crow, zum wichtigen und eifersüchtig bewachten Jagdgrund der Sioux entwickelt.

Hier löst sich die ebene Prärie in die ersten Hügel des Vorgebirges in Richtung der Bighorn Mountains auf. Sie wird zur Savanne mit Espen, Pappeln und Weiden in den geschützten und gut bewässerten Tälern und mit Kiefern, Fichten und Föhren an den langsam ansteigenden Bergflanken. Ein mit Schönheit und auch mit unerschöpflichem Tierleben gesegnetes Land: Büffel, Elche, Wapitis,

Antilopen, Weißwedel-Hirsche, Bären, Feder-, Wasser- und unendlich viel Niederwild bevölkern dieses Jagdparadies.

Die Rothäute haben die Bedrohung ihrer Schatzkammer und Existenzquelle durch die Weißen erkannt. Sie haben Bozeman und Jacobs gefangengenommen, sie allen Besitzes beraubt, sie bis auf die Hemden ausgezogen und mit der nach- und eindrücklichen Ermahnung, ihr Vorhaben aufzugeben, wieder laufengelassen.

Bozeman schlägt die Warnung in den Wind. Bereits im folgenden Jahr führt er eine größere Gruppe von Goldgräbern zu dem angeblichen Dorado in den Bergen. Wieder wird er von den Sioux aufgehalten und zur Umkehr gezwungen. Doch wen das Goldfieber einmal gepackt hat, der läßt so leicht nicht locker. Kaum sind die roten Krieger verschwunden, macht der Wagenzug der »Digger« noch einmal kehrt und erreicht diesmal unbehelligt die Berge.

Danach haben sich offensichtlich die Schleusen eines mächtigen Flusses geöffnet: Während der Sommersaison ergießt sich ein endloser Strom von Planwagen und Reitern, von Abenteurern, Prospektoren, Siedlern, Pionieren und Geschäftemachern über den neuen Trail nach Westen.

Es ist hier wie auch sonstwo: Die »Argonauten« schießen die Büffel und das übrige Wild zu Tausenden ab; sie vertreiben den Rest, sie plündern die Jagdgründe und lassen die Indianer mit leeren Händen dastehen. Doch die wehren sich nach Kräften. Auch John Bozemans Glückssträhne findet ein abruptes Ende: Er kommt bei einem Überfall der Blackfoot ums Leben.

Ohne starkes Militärkontingent traut sich inzwischen kein Planwagenzug hinaus auf die Prärie. Aber das führt gleichfalls zu einer unseligen Kettenreaktion.

Ununterbrochen bahnen sich die Wagenzüge der Siedler ihren Weg durch die Jagdgründe der Prärie-Indianer

Die Army braucht Stützpunkte und Befestigungen entlang der Trails, die sie erst einmal bauen muß: Fort Reno, Fort Kearny, Fort Smith.

Ein solches Grenzfort besteht aus einer Palisade aus dicht an dicht stehenden, etwa 2,5 Meter hohen, oben zugespitzten Pfählen von 400 Fuß (zirka 125 Meter) im Karree. Es muß so angelegt sein, daß es sich, auch von der Außenwelt abgeschlossen, über Monate hin behaupten und einer Belagerung standhalten kann.

Innerhalb der Palisade liegen die Unterkünfte der Soldaten und Offiziere, die Schreinerei, die Bäckerei, die Schmiede, die Magazine, die Wachstuben an den Toren. Außerhalb angeordnet sind die Ställe, die Heuschober und dergleichen. Alles ist aus dem einzig und allein vorhandenen Baumaterial, aus Stämmen und Brettern, gebaut. Die riesigen Mengen des benötigten Holzes sind in der Prärie jedoch nur in den Flußtälern und in den in die Bergwelt übergehenden Randgebieten vorhanden.

Ebenfalls vor den Palisaden lagert das aufgeschichtete Ofenholz, da grast das vordringlichste Ziel der indianischen Angriffe, das »beef on the hoof«, die zur Versorgung der Besatzung unerläßliche Rinderherde. Daß in ruhigen Zeiten die Truppe ihre Rationen durch die Jagd ergänzt, ist selbstverständlich. Das Wild ist da, man bedient sich.

Es ist nicht verwunderlich, daß die Indianer auf die Plünderung ihrer Ressourcen mit Zorn und entschlossener Kampfbereitschaft reagieren. Im direkten Angriff können sie zwar eine solche mit Kanonen bestückte Holzfestung nicht einnehmen. Sie besitzen weder die Logistik noch das Durchhaltevermögen für eine längere Belagerung. Vielmehr versuchen sie, mit Überfällen auf die Außenposten, auf die Nachschub- und Kurierlinien den Langmessern das Leben schwer und vielleicht sogar unmöglich zu machen. Es ist eine Form des Kampfes, die für Sitting Bull über ein Jahrzehnt hinweg zum Lebensinhalt wird.

Am sogenannten Bozeman Trail bekommen es die Soldaten aber auch mit Red Clouds und Crazy Horse' zahlreicheren Oglala zu tun. Am 21. Dezember 1866 locken sie bei einer Attacke auf das Fort Phil Kearny im heutigen Wyoming den Captain William Fetterman in eine tödliche Falle. Der hitzköpfige und ehrgeizige West-Point-Absolvent hat kurz zuvor noch getönt: »Gebt mir 80 Mann und ich reite durch das ganze Sioux-Territorium, ohne daß mir ein Haar gekrümmt wird.« Makabre Ironie des Schicksals – Fetterman hat ganz zufällig exakt 80 Mann unter seinem Kommando, als die Reiter von Crazy Horse ihn und seine Leute über die Lodge Trail Ridge in Red Clouds geschickt aufgebauten Hinterhalt führen. Die Rothäute machen die Abteilung einschließlich des großmauligen Captains bis auf den letzten Mann nieder.

Gleichzeitig beschäftigen sich Sitting Bull und die Seinen mit Fort Buford. Sie stören den Nachschub, überfallen die Wachmannschaften der Rinderherden, greifen die Holzfäller an, besetzen und zerstören die Sägemühle. Sie versuchen nach Kräften, die Fertigstellung des Forts – wenn auch nicht zu verhindern –, so doch zu verlangsamen. Es kommt zu Attacken und Gegenattacken, zu Verlusten auf beiden Seiten, bis sich die Indianer zurückziehen.

Es dauert nicht lange – und sie erscheinen wieder in der Umgebung des Forts. Sie unterbrechen jeglichen Nachschub und die Verbindung mit der Außenwelt so nachhaltig, daß die Führung der Army annehmen muß, das Fort sei den Indianern in die Hände gefallen und seine Besatzung niedergemacht worden. Die Führung der Army atmet auf, als nach dem Winter der erste Kurier durchkommt und berichtet, daß die Besatzung des Forts überlebt habe – auch wenn auf dem Friedhof eine ganze Reihe frischer Gräber hinzugekommen sind.

Sitting Bull erklärt zu dieser Zeit dem Händler Larpenteur: »Ich habe viel zu viele Weiße getötet, beraubt und verwundet, daß ein Frieden möglich wäre. Meine Medizin sagt mir, ich soll den Tod auf dem Schlachtfeld suchen, statt langsam dahinzuwelken.« Einer Truppe verhandlungsbereiter Assiniboine empfiehlt der Häuptling bei dieser Gelegenheit: »Statt mit den Weißen Frieden zu schließen und ihre Geschenke anzunehmen, solltet ihr auf die Jagd gehen und euch mit Büffelfleisch die Bäuche füllen. Wenn ihr ein Pferd braucht, dann geht zu irgendeinem der Forts und stehlt eins. Seht mich an. Ich bin arm, auch mein Volk ist arm. Gewiß werden mich die Weißen eines Tages erwischen, doch bis dahin werde ich noch viel Ehre einheimsen und viel Freude haben. Ihr

Narren! Für ein Stück Speck, einen Zwieback, etwas Zukker und Kaffee macht ihr euch selbst zu Sklaven.«

Sitting Bull attackiert das ganze Jahr 1867 hindurch die Einrichtungen der Army, während er die Handelsposten in Ruhe läßt. Neben den »Slotas«, den Halbblut-Händlern aus dem Norden, sind sie wichtige Beschaffungsquellen für Vorderlader, Pulver und Blei.

Inzwischen hat die Army ihre Umrüstung auf einschüssige Karabiner und die noch tödlicheren Repetierbüchsen fast abgeschlossen.

Trotzdem: Auch während des Jahres 1867 wagt sich kein Wagenzug ohne starke militärische Bedeckung auf den Bozeman Trail. Obwohl diese Route im Westen das Hunkpapa-Territorium nur knapp berührt, verfolgt Sitting Bull das Geschehen mit größtem Interesse. Er weiß nur zu gut: Wenn es den Weißen gelingt, sich dort zu halten, dann ist auch die Hunkpapa-Domäne ernsthaft bedroht.

Andererseits hat Sitting Bull wohl verstanden: Die Weißen fechten eine ganz andere Art von Krieg als die Sioux. Sie kämpfen entschlossener, verbissener, rücksichtsloser. Für sie zählt nicht die kühne Einzelaktion wie der symbolische »Coup«, nicht der Ruhm und die Ehre des individuellen Kriegers, sondern die physische und endgültige Vernichtung des Gegners. Es ist eine Art der Kriegführung, die die Sioux, wie auch die übrigen Indianer, nie ganz verinnerlichen. Für sie ist der Kampf eine besondere Art eines gefährlichen, blutigen »Sports«, in dem zwar eine Menge Blut fließt, der aber nie die Existenz des Gegners bedroht.

Oberhäuptling der Lakota

Die Indianerkriege auf den Prärien sind zwar für die Army nicht sonderlich verlustreich, aber sie sind sehr kostspielig. Der Bürgerkrieg hat die Finanzkraft der USA erschöpft. Das Innenministerium, vertreten durch das Bureau of Indian Affairs, sucht nach einer billigeren Lösung.

Gleichzeitig werden in den Jahren nach der Beendigung des Bürgerkriegs ungeheure, zuvor durch die Kämpfe gebundene Energien freigesetzt, die sich auf die »Eroberung« des Westens konzentrieren. Hunderttausende brechen auf, suchen einen Platz für ihre Farmen und Ranches, wollen Reichtum und Abenteuer oder geraten – halb gewollt, halb ungewollt – in den ungeheuren Sog, lassen sich mitziehen. Sie schreien: »Westward ho!«, und es kümmert sie einen Dreck, daß es bereits jemanden gibt, für den die »von Menschenhand unberührten Regionen« Heimat und Lebensinhalt bedeutet.

Ganze Armeen von Streckenarbeitern legen die Schwellen und Schienen für die Union Pacific entlang des Platte River. Sie soll sich mit dem von Kalifornien nach Westen sich vorarbeitenden Schienenstrang der Central Pacific treffen. Weiter im Süden stößt die Kansas Pacific Railway über die Smoky Hills in Richtung Denver vor. Man kann alles brauchen, nur keinen Krieg.

Es setzt sich die Ansicht durch, die Indianer durch milde Gaben und freundliche Behandlung den Wünschen der Weißen gefügig zu machen und sie von dem für sie bedrohlichen Landraub der Siedler und Pioniere abzulenken.

Die Folge sind die Friedensbemühungen der Jahre 1867/68. Es gilt in erster Linie, die roten Präriereiter von den abgesteckten Trassen der Eisenbahnen, von den in den Westen führenden Trails und den inzwischen entstandenen Siedlungen der Pioniere fernzuhalten. Also schafft man einmal mehr zwei immer noch riesige Reservate, eines südlich von Kansas, das Oklahoma oder Indian Territory, das andere nördlich von Nebraska für die Stämme der nördlichen Prärien.

Da die Forts am Bozeman Trail gegen Red Clouds und Crazy Horse' Oglala- und Miniconjou-Krieger ohnehin auf Dauer nicht zu halten sind, erklärt man sich bereit, diese Stützpunkte zu räumen und den Trail aufzugeben. Die Häuptlinge der Oglala und Miniconjou begeben sich mit ihrem Anhang nach Fort Laramie, »um die Feder zu berühren« - das heißt, die Verträge zu unterschreiben.

Sitting Bull führt indessen seine sporadischen Attacken gegen die Forts am oberen Missouri unbeeindruckt weiter. Diese Region ist inzwischen zum Nebenkriegsschauplatz geworden. Trotzdem versucht man, auch die nördlichen Lakota an den Verhandlungstisch zu bekommen.

Sitting Bull antwortet mit einem neuerlichen Überfall auf die Außenposten von Fort Buford, der zwei Weiße das Leben kostet. Danach töten die Hunkpapa zwei Postreiter und treiben die Maultiere eines anderen Militärstützpunktes weg. Sie bringen zwei weitere Postreiter in ihre Gewalt. Sie sind Halbblut-Indianer – also läßt Sitting Bull sie wieder laufen. Er trägt ihnen als Botschaft auf, daß weder er noch seine Mithäuptlinge zu Friedensgesprächen bereit seien, solange sich noch Weiße in der Nähe der Jagdgründe der Hunkpapa aufhalten.

Da die allgemeinen Friedensbemühungen nicht gestört werden sollen, hält sich die Army auf höhere Weisung mit Gegenschlägen zurück.

Das Bureau of Indian Affairs bedient sich des sowohl von den Roten wie auch den Weißen geachteten Friedensstifters, des Jesuiten De Smet, um auch die nördlichen Lakota an den Verhandlungstisch zu bringen. Mit eindrucksvollem, pompösem Gepränge und Gefolge hinter einer Standarte mit der von goldenen Sternen umgebenen heiligen Jungfrau herreitend, erscheint der von den Indianern »Black Robe« oder »Schwarzkittel« genannte Jesuit in Sitting Bulls Camp. Der Häuptling empfängt ihn mit einer ausgesuchten Akicita-Kriegereskorte und allen gebotenen Ehren, stellt dem unerschrockenen, frommen Mann sein eigenes Tipi zur Verfügung und sorgt dafür, daß er mit äußerstem Respekt behandelt wird.

Die beiden Männer tauschen Freundlichkeiten aus, und Sitting Bull erklärt dem Jesuiten, er wolle durchaus über Frieden sprechen. Doch dann hält sich der Indianer nicht mehr mit diplomatischem Drumherumgerede auf und kommt zur Sache: Er trägt dem Missionar auf, alle weißen Häuptlinge wissen zu lassen, daß er keinesfalls geneigt sei, auch nur ein Stück seines Landes – zu welchem Preis auch immer – aufzugeben. Es werde kein Frieden herrschen, solange die Weißen entlang des Missouri das Holz einschlügen und die Forts an den Ufern des Flusses mit Soldaten bemannt seien.

Der persönlichen Achtung dem frommen Parlamentär gegenüber verleiht Sitting Bull dadurch Ausdruck, daß er ihn am folgenden Tag zusammen mit seiner »Akicita«-Schutztruppe bis zum Powder River begleitet. Doch in der Sache bleibt der Häuptling hart: Er bekräftigt noch einmal seine Bedingungen und kehrt um.

Zu den eigentlichen Verhandlungen schickt Sitting Bull Häuptling Gall mit einer Reihe von zweitrangigen Persönlichkeiten. Gall wiederholt Sitting Bulls Bedingungen, bevor er »die Feder berührt«.

Der Vertrag sieht ein »Großes Sioux-Reservat« vor, das im wesentlichen aus dem westlich vom Missouri gelegenen Teil des heutigen Staates Dakota besteht. Mit der »Unterzeichnung« müssen die Sioux jedoch jegliche Rechte auf alles Land außerhalb dieses Reservats aufgeben; das heißt, sie müssen den größten Teil ihrer einstigen Domäne an die Weißen abtreten. Trotzdem dürfen im eigentlichen Reservat – wenn auch gegen Entschädigung – Straßen und Eisenbahnen gebaut werden. Das ist ein weiterer Passus, mittels dessen man die Rechte der Indianer beschneiden, ihr Land aufteilen kann.

Die Jagdgründe der Hunkpapa liegen an der Nordgrenze und weiter nordwestlich dieses Gebiets. Die Region um den Powder River, westlich der Black Hills und des Reservats im heutigen Wyoming bezeichnet man als »nicht abgetretene Gebiete« (»unceded territory«). Dieses Territorium ist ausdrücklich für diejenigen unter den Rothäuten reserviert, die es vorziehen sollten, abseits von den Weißen ihr Dasein nach ihren eigenen traditonellen Vorstellungen, das heißt auf der Basis der Büffeljagd fortzuführen.

Diese scheinbare Großzügigkeit des Innenministeriums ist jedem Eingeweihten als Augenwischerei rasch durchschaubar: Da die Büffel alsbald abgeschossen sein werden, würde auch diesen Indianern nichts anderes übrigbleiben, als sich in den breiten Strom des sich abzeichnenden »american way of life« einzufädeln.

Das alles versüßt man den Sioux durch die Zahlung größerer Summen für ihre Verpflegungsrationen, den

Bau von Schulen, die Unterweisung in Ackerbau und Viehzucht, die Versorgung mit den notwendigen Gerätschaften, mit Saatgut, mit dem Errichten von Unterkünften und so weiter.

Der Vertrag mit den Weißen gibt den Lakota drei Möglichkeiten:

Die erste bedeutet nicht weniger, als den traditionellen Lebensstil als Büffeljäger und damit die Unabhängigkeit aufzugeben, sich in das Reservat zu begeben und zu seßhaften Ackerbauern zu werden.

Die zweite besteht in dem Versuch eines Balanceaktes zwischen der »weißen« und der »roten« Welt. Man würde zeitweise im den »nicht abgetretenen Territorien« weiter auf Büffeljagd gehen und trotzdem versuchen, innerhalb des Reservats die Kompensationszahlungen für die abgetretenen Gebiete zu kassieren.

Die dritte ist Sitting Bulls Vorgehensweise: stolz und selbstbewußt jeden Kontakt zu den Weißen (außer zu den Händlern) zu meiden und jedes weitere Vordringen der Bleichgesichter mit Gewalt zu unterbinden.

Sitting Bull versteht wahrscheinlich nicht die riesige Tragweite des Handels, auf den sich Gall in gutem Glauben eingelassen hat. Und wie wenig er selbst davon hält, tut er bereits wenige Wochen nach der Rückkehr seines Unterhändlers kund: Mit seinen Kriegern überfällt er einmal mehr das verhaßte Fort Buford, treibt eine Herde von 250 Stück Rindvieh weg und läßt drei tote und drei schwerverletzte Soldaten auf dem Schauplatz zurück. Damit hat er ein weiteres Zeichen für seine kompromißlose Haltung gesetzt.

Etwa ein Drittel aller Lakota und die Hälfte der Hunkpapa entscheiden sich für Sitting Bulls Politik der Selbstbehauptung. Das bedeutet aber auch, daß dessen Rolle als Kriegshäuptling zu einer Art von Stammesführer auch für Friedenszeiten ausgebaut werden muß.

Für die individualistischen und stolzen Lakota und ebenfalls für die Yankton oder Nakota ist es etwas gänzlich Unbekanntes, sich den Anweisungen eines einzigen Oberhäuptlings zu fügen. Es gehört eine Menge Diplomatie und Fingerspitzengefühl dazu, denn unter den anderen Häuptlingen haben einige bedeutendes Ansehen und Gewicht, beispielsweise Red Cloud und Man-Afraid-of-His-Horses von den Oglala, Spotted Tail der Brulé, Lone Horn von den Miniconjou, vor allem aber der schweigsame Crazy Horse, ebenfalls ein Oglala und der größte aller Sioux-Krieger.

Während des großen Council am Rosebud Creek gelingt es Four Horns vor allen anderen, Sitting Bull den Weg zu einer Art von »primus inter pares« zu ebnen. Er wird der Oberhäuptling der freiheitlichen Fraktionen der Hunkpapa, der Oglala, der nach Norden ausgewichenen Cheyenne, der Sans Arc und Brulé.

»Wenn Sitting Bull, der Häuptling und Führer der ganzen Lakota Nation, uns anweist, zu kämpfen, werden wir kämpfen; wenn er uns befiehlt, Frieden zu halten, werden wir Frieden halten«, verkündet Four Horns zum Abschluß des Council.

Während sich Sitting Bull, unterstützt von Crazy Horse, mit den von den Weißen »nördliche«, »jagende« oder gar »feindliche« Stämme genannten Sioux das ganze Jahr über in den »nicht abgetretenen Gebieten« aufhält und das traditionelle Dasein fortführt, genießen die übrigen Sioux im Reservat unter ihren Führern Red Cloud und Spotted Tail ein bis dahin unbekanntes, ruhigeres, materiell wenigstens halbwegs gesichertes Dasein. Zwangsläufig driften die beiden Lebensformen, die tradi-

Während Sitting Bull aushält, versucht Häuptling Red Cloud sich mit den Weißen zu arrangieren

tionelle und die neue, immer weiter auseinander. Doch vorläufig ist es vor allem dem Einfluß Red Clouds zu verdanken, daß die Kluft überbrückbar bleibt.

Red Clouds Aufgabe ist trotz der materiellen Sicherheit und des Friedens keineswegs einfach. Für ihn gilt es, einen Weg zu finden, soviel wie möglich für die Indianer herauszuholen und gleichzeitig so wenig Unabhängigkeit wie unbedingt nötig preiszugeben.

Sitting Bull und Red Cloud haben verschiedene Wege gewählt – der erste den des Kriegers, der zweite den des Diplomaten. Für beide steht trotzdem das Wohlergehen des ihnen anvertrauten Volkes gleichermaßen im Vordergrund.

Die Lakota nennen den von den Weißen mit Yellowstone River bezeichneten Nebenfluß des Missouri den »Strom der Wapiti« oder Elk River. Er schlängelt sich durch ein breites Tal mit einzelnen Pappel-, Erlen- und Weidengehölzen, mit saftigem Graswuchs. Er ist ein ideales Jagdrevier und bietet zusätzlich den Ponys eine gute Weide.

Bislang hat diese Region zu den Jagdgründen der feindlichen Crow gehört, doch im Zuge ihrer Wanderung nach Westen – verursacht durch direkten oder indirekten Druck der Weißen – haben die Sioux die Crow aus diesem Jagdparadies vertrieben. Inzwischen sehen sie das Gebiet als ihr ureigenes Territorium an.

Jetzt aber erscheinen die Blauröcke ausgerechnet in diesem Flußtal. Sie beschützen einen Trupp Landvermesser, die die Trasse für eine Eisenbahnlinie der Northern Pacific abstecken sollen. Über neutrale Händler lassen die Hunkpapa die Weißen wissen, daß sie den Bau einer Eisenbahn durch diese eben erst eroberte Domäne nicht zulassen werden.

Obwohl die älteren Häuptlinge noch abwarten wollen, attackieren die jungen Krieger die Landvermesser und deren Schutztruppe. Keine der beiden Seiten kann einen entscheidenden Vorteil für sich verbuchen. Aber der Hunkpapa-Krieger Plenty Lice wird vom Pferd geschossen und bleibt tot zwischen den Reihen der Blauröcke liegen.

Sitting Bull, der das Gefecht von einem Hügel herunter beobachtet, entschließt sich zu einer für die Prärie-Indianer typischen, wenn auch für die Entwicklung der Auseinandersetzung scheinbar absolut unsinnigen Demonstration seiner Kühnheit: Unbeeindruckt durch den Kugelhagel und die schwirrenden Pfeile begibt er sich in Begleitung von White Bull, Gets-the-Best und zwei Cheyennc-Kriegern zwischen die Fronten. In aller Seelenruhe lassen sich die Rothäute nieder und rauchen ihre Pfeife. Die Soldaten konzentrieren ihr Feuer auf die Gruppe, treffen aber nicht. Sitting Bull pafft ein paar Züge und gibt die Pfeife an den ihm Nächstsitzenden weiter. Der stößt ebenfalls ein paar Rauchwolken aus und beeilt sich, das Kalumet seinerseits weiterzugeben. Als der letzte geraucht hat, greift Sitting Bull scheinbar in aller Ruhe ein Stöckchen, reinigt den Pfeifenkopf, erhebt sich und geht gemessenen Schrittes zur Front seiner Krieger zurück. Seine Begleiter haben es eiliger. Gets-the-Best pressiert es so sehr, daß er vergißt, seine Waffen, seinen Bogen und den Köcher mit den Pfeilen mitzunehmen.

Sitting Bull kann jetzt ohne Gesichtsverlust das Gefecht abbrechen. Die »Heldentat« hat den Sioux zwar nichts eingebracht, doch sie zählt bei ihnen mehr als die Vernichtung einer Abteilung von Blauröcken und ihren Schutzbefohlenen, dieser Gruppe von Landvermessern. Sie charakterisiert deutlicher als alles andere die Art und den Sinn der indianischen Kriegführung. Hauptsache, man spricht noch Jahre danach an den Lagerfeuern mit Bewunderung und Anerkennung über die Heldentat.

Letztendlich hat das Gefecht zwei Ergebnisse: Die schockierten Roten können, langsam abziehend, aus der

Ferne beobachten, wie zwei Soldaten den toten Plenty Lice an Armen und Beinen packen und ihn ins hochlodernde Feuer werfen. Diese Rohheit ist eine dumme Geste der Verachtung dem toten Feind gegenüber. Sie vertieft den Haß der Roten auf die Langmesser noch weiter. Das andere Resultat ist, daß die einsichtigen zivilen Landvermesser Racheakte befürchten und sich lange weigern werden, ihre gefährliche Arbeit im Sioux-Territorium fortzuführen.

Inzwischen drehen sich die Zeichen immer mehr in Richtung Sturm. In Washington gelangt man zur Über-

General Custer

zeugung, daß nur ein Feldzug der Army das »Indianer-Problem« lösen könne. Die Militärs sparen nicht mit großen Worten und begleitendem Säbelgerassel: »Die Eisenbahn ist ein Unternehmen von nationaler Bedeutung. Die Army ist aufgerufen, die Arbeiter während Vermessung und Konstruktion vor der kriegerischsten Indianer-Nation auf diesem Kontinent zu schützen, die gegen jeden Fußbreit dieser Linie kämpfen wird«, tönt General William Tecumseh Sherman vor dem Congress.

Er hat bereits das Seinige getan. Er hat die Truppen am oberen Missouri durch Kavallerie-Einheiten verstärkt. Commander der Seventh Cavalry ist kein anderer als der einstige Generalmajor und zum Oberstleutnant degradierte Armstrong Custer, ein junger Offizier mit langen blonden Locken, den die Indianer Long Hair nennen.

Custer (Küster) ist in zweiter Generation deutscher Herkunft und kann sich noch auf deutsch verständigen. Er wird zum populärsten, wenn auch nicht bedeutendsten Gegenspieler Sitting Bulls. Im Diesseits sollten sich beide niemals persönlich treffen, doch in der Ruhmeshalle der vermeintlichen und wirklichen großen Western-Helden nehmen beide nebeneinander einen Ehrenplatz ein.

Der Gegenspieler Long Hair Custer

Über Armstrong Custer, der oft als der große Gegenspieler Sitting Bulls und der Sioux dargestellt wird und in der »Western-Literatur« mit den sogenannten großen amerikanischen Helden wie Daniel Boone, Davy Crockett, Buffalo Bill, Wyatt Earp, Kit Carson, Lewis & Clark und wie sie alle heißen quasi in einer gemeinsamen Ehrenloge des Western-Walhall sitzt, gehen die Meinungen extrem auseinander. Für die einen ist er der todesmutige, inmitten seiner Mannen bis zur letzten Patrone heroisch kämpfende Offizier. Für die anderen ist er ein aufgeblasener, ruhmsüchtiger, rücksichtsloser, egoistischer Ehrgeizling, ein Sonnyboy und Angeber, der nicht nur sich, sondern auch ein paar hundert unter seinem Kommando stehende Soldaten unter Mißachtung der einfachsten strategischen Überlegungen in den sicheren Tod führte.

Hier liegt die Wahrheit einmal nicht zwischen den beiden Extremen, sondern in dem recht komplexen, eigenwilligen Charakter Custers – eines Mannes, der sowohl extreme Zuneigung wie auch ebenso radikale Ablehnung und Haß auf sich vereinigte. Was ihn für seine Vorgesetzten so interessant machte, war seine schnelle Auffassungsgabe, sein nicht zu leugnender Schneid, seine offenbar unerschöpfliche Energie, die Mißachtung jeglicher Strapazen, verbunden mit der Tatsache, daß er so etwas wie Angst überhaupt nicht zu kennen schien. Er galt als einer, der das Letzte aus seiner Truppe herausholte. Ganz offenbar war er auch einer jener Menschenverächter, wie sie sich unter Militärs ganz besonderer Beliebtheit erfreuen.

Für ihn schien es das höchste Glück dieser Erde zu sein, mit seinen im Wind flatternden langen, blonden Locken und gezogenem Säbel eine mit donnernden Hufen den Feind niederrennende Kavallerie-Attacke anzuführen. Von sorgfältiger Erkundung, Überlegung, militärischer Taktik hielt er kaum etwas. In der direkten Auseinandersetzung zeigte er rücksichtsloses Draufgängertum, er suchte zweifellos den Thrill des Kampfes Mann gegen Mann – und vergaß darüber jegliche militärische Logistik.

Schon in West Point war es für alle unbegreiflich, wie ein undisziplinierter Kadett wie er überhaupt graduieren konnte. Noch verwunderlicher, wie er, quasi als Senkrechtstarter, innerhalb von ein paar Jahren vom Leutnant eine Blitzkarriere zum Brigadegeneral ohne sichtbare militärische Verdienste machen konnte. Neben einer möglichen politischen Einflußnahme zu seinen Gunsten gibt es für all das keine andere Erklärung als das von ihm selbst oft zitierte, sprichwörtliche »Custer's luck«. Er schien der besondere Darling Fortunas zu sein. Nicht nur, daß bereits im jugendlichen Alter von 23 Jahren breite Generalsstreifen seine Hosen zierten, zwei Jahre später war er sogar schon Generalmajor. Innerhalb der US Army ist das ein Rekord, der vor ihm (während der zur Unabhängigkeit führenden Revolution) lediglich von dem Marquis Lafayette und nach ihm von niemandem mehr übertroffen wurde. Ebenso verwunderlich ist, daß er nach seinen wilden, stürmischen Jugendjahren in West Point in seinem gesamten späteren Leben keinen einzigen Tropfen Alkohol mehr anrührte.

Äußerlich war er eine beeindruckende Kommandeursfigur, aber auch in den Augen der Mehrheit seiner gleichrangigen oder untergeordneten Offizierskollegen ein schillernder, schriller, aufgeblasener Fatzke, mit einem ausgeprägten Showtalent als wichtigster Charaktereigenschaft. Von seinen Untergebenen verlangte er exakt die eiserne Disziplin, die er selbst in der Regel vermissen ließ. Er forderte sie unter allen und jeden Umständen – und er setzte sie durch. Als sich unter seinem Kommando zwölf Soldaten aus dem Staub machten, weil sie sich der auferlegten Strapazen nicht mehr gewachsen glaubten, erteilte er strikten Befehl, die Deserteure einzufangen, »sie aber keinesfalls lebend zurückzubringen«. Drei der Soldaten wurden gefaßt und befehlsgemäß an Ort und Stelle erschossen.

Custer war ein Exzentriker, der auf manchen seiner Einsätze nicht nur seine Frau Elizabeth »Libby«, sondern auch noch zwei oder drei Dutzend Jagdhunde mitnahm und – soweit die Gattin nicht anwesend war – mit ihnen Zelt und Lagerstatt teilte. Was seine von ihm scheinbar über alles verehrte »Libby« anging, so kann man sein Verhalten als unsterbliche Verliebtheit, aber auch so deuten, daß er sie als zusätzliches dekoratives Element und Entourage für unverzichtbar hielt. »Er zeigte ihr alle Galanterien einer tiefen Liebe, verlangte aber gleichzeitig von ihr vollständiges Eingehen auf ihn bis zur totalen Selbstaufgabe, Fürsorge und den Ausdruck ständiger Bewunderung in ihren Augen«, heißt es.

Als während der sogenannten Smoky-Hill-Expedition das Gerücht aufkommt, die Cholera sei in Fort Riley ausgebrochen – da, wo er seine geliebte Elizabeth zurückgelassen hat –, zieht er drei Offiziere und über sechzig Mann seiner Einheit ab und reitet nach Fort Riley zurück, um seiner Frau am Krankenbett nahe zu sein. Als seine Truppe unterwegs von Indianern angegriffen und zwei

Soldaten getötet werden, läßt er sich nicht einmal Zeit, die Toten zu beerdigen, geschweige denn, die Indianer zu verfolgen, was seine vordringlichste Aufgabe gewesen wäre. Er beauftragt damit die nächststationierte Infanterie-Abteilung. Die kann zwar den Gefallenen die letzte Ehre erweisen, aber bei der Verfolgung berittener Rothäute genausowenig wie ein Ochsenkarren auf einer Trabrennbahn ausrichten.

Custer und seine Begleitung schaffen die ersten 150 Meilen in nur 55 Stunden. Danach haben 20 seiner Soldaten genug. Sie schlagen sich seitwärts in die Büsche und desertieren trotz Custers Todesdrohungen. Die übrigen sind am Ende. Also reitet Custer mit seinem Bruder Tom, einem Offizier und zwei Kavalleristen allein weiter. Sie schaffen die nächsten 60 Meilen bis zum ersten Haltepunkt der Kansas Pacific Railroad in weniger als zwölf Stunden, reiten aber ihre Pferde zu Tode.

Custers Angst um seine Frau erweist sich jedoch als unbegründet.

Die Aktion hat einen Karriereknick zur Folge. Bereits nach acht Tagen findet sich der Generalmajor vor einem Kriegsgericht wieder, das ihn für die eigene Desertation von seinem Kommando, die zuvor unrechtmäßig erfolgte Erschießung von Deserteuren, die Abnutzung von Armee-Pferden zu privaten Zwecken, die Mißachtung von Befehlen bei der Verfolgung flüchtender Indianer und das unnötige Zurücklassen von Gefallenen auf dem Schlachtfeld schuldig spricht.

Für jeden anderen hätte es das Ende der Laufbahn oder Schlimmeres bedeutet. Custer wird lediglich zum Oberstleutnant degradiert und für ein Jahr vom Dienst suspendiert. Nach seiner Rückkehr macht er sich daran, das 7. Kavallerie-Regiment – eine durchschnittliche Einheit – nach seinen ureigenen Vorstellungen zu reorganisieren. Er versucht, dem Regiment ein ganz bestimmtes Flair, das heißt seine Vorstellung von einem »esprit de corps« einzuimpfen. Bewußt oder unbewußt soll das Regiment als Rahmen und Hintergrund zu einem großen patriotischen Schlachtengemälde dienen, mit ihm, dem strahlenden Helden Armstrong Custer, im Zentrum.

Wieder einmal zeigt sich sein Showtalent. Jede Kompanie erhält Pferde einer ganz bestimmten, von der anderen differierenden, aber in sich einheitlichen Farbe. Die besten Schützen faßt er in einer Eliteeinheit zusammen, die getrennt von den übrigen Kavalleristen reitet und vom Wacheschieben und ähnlichen profanen Aufgaben freigestellt wird. Besonderen Wert mißt er dem Musikzug zu, der sich bei jeder gebotenen Gelegenheit mit klingendem Spiel in Szene setzt. Damit sind die äußerlichen Voraussetzungen gegeben, die Seventh Cavalry und ihren Kommandeur zur unsterblichen Western-Legende zu machen.

Einen seiner ersten Einsätze reitet das neuformierte Regiment gegen die Cheyenne am Washita River. Eine Gruppe der Southern Cheyenne und Arikara hat die Einweisung in die Reservate verweigert. General Sheridan, der Oberbefehlshaber, hat klare Anweisungen gegeben: »Alle nicht in der Schlacht getöteten feindlichen Krieger werden gehängt, alle Frauen und Kinder gefangengenommen, alle Camps zerstört und alle Indianer-Ponys erschossen.«

Während der Kampagne, an einem bitterkalten Spät-Novembertag des Jahres 1868, findet Major Elliott von Custers Vorausabteilung einen breiten, frischen Trail. Custer reagiert sofort auf seine ureigene Art und Weise: Er schickt Elliott hinter den scheinbar flüchtenden Indianern her, läßt seine Verpflegungs- und Munitionswagen zurück und ordnet an, daß sich die Kavalleristen für bessere Bewegungsfreiheit trotz des eisigen Windes ihrer Mäntel zu entledigen haben. Er genehmigt lediglich die Mitnahme von Zwieback und Kaffee als Marschverpflegung.

Noch in der Nacht erreichen Elliott, die Scouts und später auch die Masse des Regiments das Camp. Es ist das erste einer ganzen Kette an den Ufern des Washita angelegten Indianerlager. Es sind die Winterquartiere weiterer »feindlicher« Cheyenne, Kiowa, Comanche und Arapaho.

Custer teilt seine 800 Soldaten in vier verschiedene Gruppen und schließt das Lager von allen Seiten ein. Im ersten Morgengrauen erschallt das Trompetensignal zum Angriff. Es ist praktisch die Dublette des Überfalls auf das Cheyenne-Camp von Black Kettle am Blue Water Creek. Viele der Überlebenden jenes Massakers werden zum zweitenmal mit dem tödlichen Grauen des unvermuteten, mörderischen Angriffs einer Militäreinheit konfrontiert.

Doch es gibt einen Unterschied: Diesmal halten sich die roten Krieger nicht damit auf, ihre Friedensbereitschaft zu demonstrieren. Sie erholen sich schnell von ihrer Überraschung und erwidern prompt das Feuer. Gleichzeitig versuchen die Frauen und Kinder, in alle Richtungen zu entkommen.

Währenddessen verfolgt Elliott mit seiner Vorausabteilung von 19 Mann eine Gruppe flüchtender Krieger. Nachdem sich in dem Cheyenne-Camp nichts mehr rührt und auch die Krieger, die die Flucht ihrer überlebenden Frauen und Kinder decken sollen, den Rückzug angetreten haben, kann man deutlich einen intensiven Schußwechsel hören. Aber Custer läßt Elliott seinen eige-

Custers Überfall auf das Cheyenne-Lager am Wichita River

nen Krieg führen und marschiert mit Pauken und Trompeten in Richtung der übrigen Camps.

Die Indianer weichen einmal mehr aus. Custer befiehlt »kehrt marsch« und reitet an der Spitze der »siegreichen« Seventh Cavalry durch das zerstörte Dorf zurück in das »Camp Supply«, in seine Ausgangsposition.

Der einstige General und jetzige Oberstleutnant hat einen Aufmarsch inszeniert, der einer altrömischen Siegesparade über die Via Appia alle Ehre gemacht hätte: An der Spitze reiten seine Osage-Hilfstruppen in voller Kriegsbemalung mit den frischen Cheyenne-Skalps an ihren Lanzen, hinter ihnen die weißen Scouts. Ihnen folgt der Musikzug mit blitzenden Instrumenten und großem Tschingbum. Dann kommt der Regimentskommandeur und sein Stab. Ihnen wiederum folgen die gefangengenommenen Frauen und Kinder, dann die Scharfschützen-Abteilung und endlich das übrige Regiment, aufgeteilt in die einzelnen Kompanien auf ihren verschiedenfarbenen Rössern.

Die große Inszenierung hat allerdings einen kleinen, bitteren Beigeschmack: Major Elliott und seine Männer sind nicht dabei. Custer hat über der großen Sieges-Show offenbar die Vorausabteilung vollkommen vergessen. Zumindest hat er sich nicht um sie gekümmert. Statt ihnen zur Hilfe zu kommen, hat er sie im Stich gelassen. Sie wurden von den Indianern bis auf den letzten Mann niedergemacht. Man kann es drehen und wenden, wie man will: Es ist ein Verhalten, dem das Wort »niederträchtig« kaum gerecht wird.

Aber wiederum ist da eine von vielen unbegreiflichen Ungereimtheiten, die mit »Custer's luck« umschrieben werden: Obwohl der Vorfall allgemein bekannt wird, passiert überhaupt nichts. Die Führung der US Army geht über diese »Episode« zur Tagesordnung über, ohne darauf in irgendeiner Form zu reagieren.

Später »inoffiziell« befragt, gibt Custer an, es sei nicht genügend Munition zur Verfügung gewesen, um entscheidend einzugreifen. Das ist nichts weiter als eine dumme Ausrede. Während Elliott seinen letzten, hoffnungslosen Kampf kämpfte, hatten Custers Soldaten ausreichend Munition, um ein weiteres Massaker zu veranstalten, um ein knappes Tausend Indianer-Ponys zu erschießen.

Über diese Verluste hinaus hat das Regiment 21 Mann an Toten verloren. Zusätzlich sind 14 Verwundete zu beklagen. Custer gibt an, daß seine Männer 103 »Feinde« getötet hätten. Frauen und Kinder, die »in Notwehr« getötet worden sind, sind bei dem sogenannten »body count« mitgezählt worden, um den großen Sieg noch größer erscheinen zu lassen.

Es wäre aber ungerecht, nicht auch einige positive Seiten des »Western-Helden« Custer aufzuzeigen: Nachdem im einsetzenden mörderischen Winter der Feldzug gegen die »feindlichen« Indianer abgeblasen werden muß, setzt die Führung der Army im folgenden Frühjahr den Oberstleutnant als Parlamentär ein. Er soll die Indianer diesmal mit friedlichen Mitteln dazu bringen, das Kriegsbeil für immer zu begraben und sich in die ihnen zugewiesenen Reservate zu begeben.

Custer reitet, nur von einer Handvoll seiner Leute begleitet, in das Camp der Arikara, wo es ihm gelingt, in zähen Verhandlungen dem Häuptling Little Raven das Versprechen abzunehmen, die Feindseligkeiten einzustellen und sich in das Reservat im sogenannten »Indian Territory« zurückzuziehen.

Aber die feindseligen Cheyenne sind nicht zu finden. Auf dem erbarmungslosen Ritt zurück geht der parlamentärischen Gruppe die Verpflegung aus. Da brechen die Pferde zusammen, da müssen die Männer halbrohes, zähes Pferdefleisch essen, bis sie endlich die Palisaden des neuerbauten Fort Sill erreichen.

Danach rückt Custer erneut mit seiner Seventh Cavalry aus. Diesmal findet er die Cheyenne. Statt mit Pauken und Trompeten anzugreifen, reitet Custer, von einem einzigen Soldaten begleitet, in das Camp. Es gelingt ihm, nicht nur zwei gefangene weiße Frauen zu befreien, sondern auch noch drei Geiseln mitzubringen, die mit ihrem Leben für die Einlösung des Versprechens haften, sich später in das Reservat zu begeben. Die Geiseln sind die Häuptlinge Dull Knife, Fat Bear und Big Head.

Es dauert ein paar Monate, dann kommen die Southern Cheyenne und mit ihnen auch die Arapaho und tauschen den aufreibend rauhen Ozon der freien Prärie gegen den langweiligen, aber sicheren Mief des Reservatsdaseins.

Inzwischen liegt die Sommerhitze des Jahres 1873 über der Prärie. Dem Militär ist die Aufgabe übertragen worden, eine Vermessungs-Crew für die schon lang geplante Eisenbahnlinie entlang des Yellowstone zu schützen. Man weiß, daß sich die Sioux unter Sitting Bull gegen diesen für sie katastrophalen Einbruch in ihre Jagdgründe mit allen Mitteln zur Wehr setzen und kämpfen werden.

Die Militärs schicken eine Truppe von knapp 2000 Mann ins Feld. Das ist genug Infanterie, Artillerie und bewegliche Kavallerie, um sich gegen jede wie auch immer geartete Streitmacht der Sioux zu behaupten. Die Kavallerie-Abteilung besteht aus niemand anderem als aus dem 7. Regiment unter dem Befehl von Oberstleutnant Custer.

In den Jahren zuvor ist das Regiment aufgeteilt worden, um im Süden die mit der Ku-Klux-Klan-Bewegung einhergehenden Unruhen zu bekämpfen. Jetzt hat man es wieder zusammengeführt und gegen die Sioux in Marsch gesetzt.

Der kommandierende General Stanley schreibt in einem vertraulichen Brief über seinen Regimentskommandeur: »Custer ist ein kaltblütiger, unzuverlässiger Mann ohne die geringsten Prinzipien. Er wird von allen Offizieren seines Regiments abgelehnt, mit der Ausnahme der hier dienenden Verwandten und ein oder zwei Sympathisanten. Ich werde versuchen, dem Ärger mit ihm aus dem Weg zu gehen. Ich bin aber nicht sicher, ob es mir gelingen wird.«

Die Vermessungsarbeiten werden durchgeführt, ohne daß es zu größeren Kampfhandlungen kommt. Es gibt ein paar Gefechte mit Toten und Verwundeten auf beiden Seiten. Die Sioux sind klug genug, sich nicht in einen verlustreichen Kampf mit einer solchen Streitmacht verwikkeln zu lassen.

Gegen Ende 1873 kommt dann das überraschende, vorläufige Aus für die Northern Pacific. Turbulenzen an der Wall Street und die damit verbundenen Finanzierungsschwierigkeiten im fernen New York verzögern den Bau um volle sechs Jahre.

1874 erscheint Custer wieder auf dem Plan, diesmal geht es um den militärischen Schutz einer Expedition in die im Sioux-Reservat gelegenen Black Hills. Kein Weißer hat dort etwas zu suchen. Doch als Gerüchte durchsickern, daß in den heiligen Bergen der Sioux »von den Graswurzeln abwärts« massenhaft Gold läge, gibt es – Verträge hin, Verträge her – kein Halten mehr. Eine Stampede bricht los, der die Indianer macht- und sprachlos gegenüberstehen. Zeitweise wühlen mehr als 15 000 Prospektoren in den Paha Sapa, in Wakan Tankas heiligen Bergen, der Heimstätte des Großen Geistes der Sioux.

Es wäre Aufgabe der Armee gewesen, vertragsgemäß für die Unversehrtheit dieser mitten im Reservat gelegenen Bergwelt zu sorgen und sie den Sioux zu erhalten. Aber die Armee zeigt kaum Neigung und noch weniger Begeisterung für diesen Job.

Wieder einmal müssen neue Verträge her, um den Sioux die Black Hills – auf »ewige Zeiten« ihr von den Weißen verbrieftes Eigentum – abzuschachern. Sitting Bull weigert sich einmal mehr, an solchen Verhandlungen überhaupt teilzunehmen. Er schlägt sich lieber weit oben im Nordwesten mit seinen Erbfeinden, den Crow, herum, zu denen sich auch die Flathead gesellt haben. Dabei trägt er eine schwere Armverletzung davon.

Trotzdem verfolgt der Hunkpapa-Häuptling auch weiterhin die Strategie der Nadelstiche. Er bekämpft die

Siedler, die in die einstige Domäne der Crow eingesickert sind und versuchen, sich dort zu etablieren.

Sitting Bull und seine »feindlichen Indianer« sind eines der Themen, die am 3. November 1875 zwischen den Vertretern des Bureau of Indian Affairs, hohen Armee-Generälen und dem US-Präsidenten Ulysses Grant besprochen werden. Dabei werden zwei für die Sioux existentielle Beschlüsse gefaßt:

1. Das Verbot, das weißen Goldsuchern den Aufenthalt in den Black Hills untersagt, bleibt bestehen. Aber die Army wird von der Aufgabe entbunden, dieses Verbot durchzusetzen.

2. Die sich in den »nicht abgetretenen Gebieten« befindlichen, Unannehmlichkeiten verursachenden, büffeljagenden Indianer müssen mit allen Mitteln gezwungen werden, dieses Gebiet aufzugeben und sich ebenfalls in den Reservaten anzusiedeln.

Die Legalität dieser Beschlüsse leitet man davon ab, daß die Indianer Sitting Bulls die Verträge von 1868 – für die Gall zwar »die Feder berührt«, die er aber nicht unterschrieben hatte – gebrochen hätten und daß den Übergriffen gegen die Siedler und die »freundlichen« Indianer am oberen Yellowstone in Montana ein Ende bereitet werden müsse.

Demzufolge stellt der Commissioner of Indian Affairs den noch in Freiheit lebenden Sioux das Ultimatum, sich bis zum 31. Januar 1876 in den Reservaten einzufinden. Andernfalls würden sie durch militärische Maßnahmen dazu gezwungen werden.

Das ist natürlich reine Spiegelfechterei. Man weiß ganz genau, daß der Winter keine Reisezeit ist. Klar ist ebenfalls, daß Sitting Bull, Gall, Crazy Horse und die übrigen Häuptlinge das Ansinnen kaltlächelnd ablehnen werden. Man macht sich nicht einmal die Mühe, sie direkt und unmißverständlich über das Ultimatum in Kenntnis zu setzen.

Am 31. Januar 1876 erscheint eine kleine Gruppe von übergabebereiten Sioux im Reservat, doch die allermeisten befinden sich nach wie vor in ihren Winterquartieren am Yellowstone und Powder River. Jetzt können sich die Bürokraten des Bureau of Indian Affairs gemütlich zurücklehnen und den Rest der Aufgabe der Armee überlassen.

Die Regierung hat ebenfalls ihren Vorwand, das Problem der letzten noch freischweifenden einstigen Herren des Landes zu lösen und ihre Maßnahmen vor dem Congress zu rechtfertigen. General Sheridan hat die Vernichtungspläne bereits in der Schublade. Sie sehen im einzelnen vor: Brigadegeneral George Crook wird mit rund 1300 Mann über den Powder River zum Yellowstone vorrücken. General Alfred Terry wird ihn, mit 1000 Soldaten von Fort Abraham Lincoln westwärts marschierend, dort treffen. Colonel John Gibbon wird mit einer dritten Marschsäule von 500 Mann von Fort Ellis in Montana her angreifen. Irgendwo in der Nähe der Einmündung des Big Horn River, so planen die Strategen, wird man in dieser riesigen Zangenbewegung die feindlichen Indianer zu fassen kriegen, einkesseln, zur Übergabe zwingen oder vernichten.

Bereits im März 1876 rückt General Crook mit einem Teil seiner Truppen zu einem sogenannten »Erkundungsunternehmen« aus. Sollte es dabei gelingen, einen Teil oder die Hauptmacht der Indianer zu stellen, um so besser.

Am Powder River sichtet die Vorausabteilung der Truppe, den Spuren zweier Ponys folgend, überraschenderweise ein »feindliches«, in Wirklichkeit im tiefsten Winterfrieden liegendes Indianer-Camp. Es ist das gemischte Lager der Northern Cheyenne und einiger Sioux unter Häuptling Two Moon. Two Moon hat inzwischen genug von Krieg und Verfolgung und ist quasi auf dem Sprung, sich in das Reservat zu begeben.

Ohne vorherige Warnung greift die Kavallerie an. Die Soldaten reiten, feuernd und um sich hauend, in vollem Galopp durch das Camp und versuchen als erstes, die Ponyherde wegzutreiben. Die Cheyenne- und Sioux-Krieger erholen sich rasch von ihrem Schrecken: Sie ziehen sich auf die umliegenden Hänge zurück und nehmen von dort aus die Kavalleristen unter heftiges Feuer. Unter den Blauröcken bricht Panik aus. Sie flüchten unter der Zurücklassung ihrer Toten – und wie hinter vorgehaltener Hand gemutmaßt wird – auch des einen oder anderen Verwundeten.

Da man weiß, wie die Indianer mit gefallenen oder noch schlimmer mit verwundeten »Langmessern« umgehen, gilt es als eine mit dem Ehrenkodex der Army unvereinbare Niedertracht, Tote oder – noch weniger denkbar – Verwundete zurückzulassen. Käme ein solches Verhalten ans Tageslicht, hätte es für die Moral der Truppe die schlimmsten Konsequenzen.

Wie auch immer: Die Indianer verfolgen die Cavalry und jagen ihr den größten Teil der erbeuteten Ponys wieder ab. Crook zieht sich daraufhin auf seine Ausgangsposition, Fort Fetterman, zurück und stellt den verantwortlichen Kavalleriekommandeur Colonel Reynolds und zwei seiner Hauptleute vor ein Kriegsgericht. Das Zurücklassen von Verwundeten kann nicht bewiesen werden. Reynolds wird für ein Jahr vom Dienst in der Armee suspendiert – ein vorhersehbarer Ausgang der Verhandlung.

Der Überfall auf das Camp der Cheyenne hat im Verhalten der Indianer eine zwangsläufige Folge: Der nachgiebige und zum Einlenken bereite Two Moon und seine Krieger reihen sich endgültig ein in die Schar der grimmig entschlossenen Gegner der »Langmesser«.

Der Winter vergeht, bis die Army zum ganz großen, zum vernichtenden Schlag ausholt: Im Morgengrauen des 17. Mai 1876 rückt General Terrys 1200 Mann starke Truppe aus dem Fort Abraham Lincoln aus. An ihrer Spitze trabt wie üblich mit klingendem Spiel die Seventh Cavalry unter Oberstleutnant Custer. Für Terry sind Custers 700 Reiter der zuschlagende Hammer. Die Infanterie soll neben den unerläßlichen Versorgungseinheiten als Amboß dienen, auf dem der Widerstand der Rothäute endgültig zerschmettert wird.

Während die wenigen im Fort versammelten Angehörigen bangen Herzens der Truppe nur nachwinken können, hat sich Custer wieder selbst das Privileg verordnet, seine über alles geliebte »Libby« bis in das erste Nachtcamp mitzunehmen. Auch der Zahlmeister kommt bis hierhin mit. Custer hat absichtlich die Auszahlung des fälligen Soldes hinausgezögert, um die Kampfmoral seiner Truppe zu stärken. Er will vermeiden, daß die Kavalleristen die letzte Gelegenheit nutzen, um im Fort ihr Geld auf den Kopf zu hauen und mit schweren Köpfen in den Krieg zu reiten. Das ist sicher ein probates, doch keinesfalls der Popularität des Kommandeurs innerhalb der Truppe dienliches Mittel.

Terrys Abteilung stößt entlang der zukünftigen Trasse der Northern Pacific in der Absicht vor, sich mit den mit Colonel John Gibbons aus Montana kommenden und sich den Yellowstone River abwärts bewegenden Truppen zu vereinigen. Für den Nachschub ist ein auf Missouri und Yellowstone operierendes Dampfschiff, die »Far West«, requiriert worden.

Fort Fetterman ist General Crooks Ausgangsbasis. Auch er befehligt eine beeindruckende Streitmacht von über 1300 Soldaten. Zum größten Teil sind es Kavalleristen und indianische Hilfstruppen, vor allem der Stämme Crow und Shoshone.

Heilige Visionen

Kaum ein Weißer konnte ähnliches je nachvollziehen und wird es wahrscheinlich auch nie können: die Rolle der Visionen eines geachteten Häuptlings und Sehers wie Sitting Bull ebenso wie das Ritual des »Sun Dance«. Beide werden im späteren Ablauf des Geschehens eine bedeutsame Rolle spielen.

Seit Wochen steht die Zeltstadt der Indianer am Rosebud Creek. Grasende Büffel bevölkern die Prärie. Die Jagd ist einfach, gefahrlos und unaufwendig. Sie hat eher den Charakter einer bäuerlichen Ernte als einer wilden, aufregenden, aber auch für Mensch und Pony strapaziösen Verfolgung mit ungewissem Ausgang. Die Weide ist jung, grün und saftig. Die Flanken der Pferde runden sich. Die Tiere gewinnen täglich an Kraft und Ausdauer.

Der Sorge um das tägliche Stück Fleisch im Topf enthoben, kreisen die Gedanken der Häuptlinge um die Bedrohung durch die »Langmesser«. Sie wissen, daß auch das unscheinbarste helle Wölkchen über dem frühsommerlich leuchtenden Himmel in wenigen Stunden zu einem furchtbaren Wettersturz führen kann.

Die bitteren Erfahrungen aus den sich mehrenden blutigen Zusammenstößen mit den Blauröcken haben ihnen nicht nur gezeigt, wie ernst dieser Feind zu nehmen ist, sondern auch, wie vernichtend sich dessen Art der Kriegführung erwiesen hat: Hier handelt es sich nicht um das gewohnte, verwegene, gefährliche Reiterspiel um Leben und Tod, wo es nicht in erster Linie um die Zerstörung des Gegners geht, sondern viel eher darum, seine persönliche Verwegenheit auszuspielen und ruhmbedeckt und beutebeladen ins eigene Lager zurückzukehren.

Die Sioux haben es vielmehr mit einer unnachgiebigen, rücksichtslosen, äußerst effektiven Militärmaschinerie zu tun, die unnachsichtig alles niederwalzt, was sich ihr in den Weg stellt und nicht eher zum Nachgeben bereit ist, ehe nicht der Feind ausgelöscht am Boden liegt. Über ihnen hängt die düstere, erschreckende Vorstellung, dieser Bedrohung womöglich nicht entkommen zu können. Andererseits ist ein solch mächtiger Gegner für die jungen Krieger eine schwer zu zügelnde Herausforderung.

Um einen weiteren Hinweis des Großen Geistes zu finden, muß Sitting Bull einmal mehr den Ratschluß Wakan Tankas suchen, muß sich in die Einsamkeit begeben. Er muß hinter den fernen Hügeln am Horizont fasten, sein Gesicht stundenlang der Sonne aussetzen; er muß meditieren, neue Visionen suchen.

Am dritten Tag des Rituals formt sich »hinter Sitting Bulls Augen« das Bild einer riesigen, sich aus dem Osten nähernden, schwarzen Wand eines fürchterlichen Tornados. Vom Westen aber stellt sich diesem Unheil eine leichte, helle, weiße Wolke entgegen, die aussieht wie ein riesiges, luftiges Tipi. Sitting Bull sieht fasziniert, wie die finstere Naturgewalt und die freundliche Himmelserscheinung aufeinanderprallen, wie sie miteinander kämpfen, wie sich aus dem weißen Schleier Indianerponys formen und aus der Düsternis stählerne Bajonette aufblitzen. Der Donner rollt und grollt schrecklich und furchterregend über die Prärie, Blitze zucken, die Erde bebt, als das imaginäre Inferno losbricht. Endlich lichtet sich die Schwärze, sie löst sich in einzelne Schwaden auf und verflüchtigt sich vollkommen, als hätte es sie nie gegeben. Nur noch die weiße Wolke leuchtet von einem sich über der endlosen Prärie hell und freundlich wölbenden blauen Himmel.

Sitting Bull reitet ins Lager zurück und ruft die Ältesten und die übrigen Häuptlinge zusammen. Er berichtet ihnen von seiner Vision, die nur eine Bedeutung haben kann: Die Langmesser sind in der bedrohlichen Absicht in die Prärie gekommen, alle Indianer zu töten. Das Symbol hierfür ist die schreckliche, schwarze Staubwand des Tornados. Aber die weiße Wolke der Indianer hat das Schreckenszeichen auseinandergetrieben, hat es aufgelöst und in alle Winde zerstreut. Die Botschaft des Großen Geistes Wakan Tanka ist ganz klar: Die Indianer müssen sich den Blauröcken stellen; sie müssen sie zum Kampf herausfordern. Am Ende werden sie als die stolzen Sieger das Schlachtfeld verlassen, und viele, viele der Langmesser werden »das Oberste zuunterst gekehrt« daliegen.

Vor der Schlacht, so glaubt Sitting Bull aus der Erscheinung herausgelesen zu haben, sollen die Sioux das Ritual des jährlichen Sun Dance zelebrieren, als dessen Höhepunkt Sitting Bull das Gelöbnis einlösen wird, Wankan Tanka »sein Fleisch« zu opfern.

Es sind die Hunkpapa, die das Fest organisieren. Nach und nach finden sich auch andere Lakota ein, um ebenfalls dabeizusein und mitzutanzen. Es kommen die Oglala, die Sans Arc, die Miniconjou, die Blackfeet, die befreundeten Cheyenne. Es stehlen sich auch viele der sogenannten »befriedeten« Indianer aus den Reservaten heraus, um an diesem großen Ereignis teilzunehmen.

Als Sitting Bull in den Kreis der Tänzer tritt und sich niederläßt, zelebriert er mit den übrigen Häuptlingen das Pfeifenritual. Danach lehnt er sich mit dem Rücken gegen den Tanzbaum, zieht sein Hemd aus. Jumping Bull schiebt eine Ale unter die Haut seines rechten Unterarms und beginnt, vorsichtig mit dem Messer ein Stückchen Muskelfleisch herauszuschneiden. Blut fließt in immer breiteren und dickeren Strömen den Arm von Sitting Bull hinunter – während Jumping Bull, sich langsam den Arm des Häuptlings hinaufarbeitend, die schmerzhafte Prozedur fünfundzwanzigmal wiederholt. Danach vollzieht er dieselbe Prozedur am linken Arm.

Die atemlos in staunender Bewunderung und religiöser Andacht zusehenden Tänzer bemerken nicht das geringste Zucken im stoisch-entrückten Gesichtsausdruck des Häuptlings. Kein Laut kommt von seinen Lippen außer dem unverständlichen Gemurmel der Wankan Tanka beschwörenden Gebete.

Als der »Behang des Großen Geistes«, das herabfließende Blut also, seine Arme vollständig bedeckt hat, erhebt sich Sitting Bull und beginnt, mit dem der Sonne zugewandten Gesicht zu tanzen. Er tanzt ununterbrochen, bis die große Lebensspenderin den Kamm der Bighorn Mountains berührt. Er betet und tanzt weiter die ganze lange Nacht hindurch. Er tanzt immer noch, als sich bereits im Osten der erste graue Schimmer zeigt. Ohne einen Tropfen Wasser oder einen Bissen Fleisch zu sich zu nehmen, tanzt er auch noch den ganzen folgenden Tag.

Endlich schwinden die Kräfte des Häuptlings, seine Bewegungen werden zuckend, verlieren nach und nach jegliche Koordination. Am folgenden Mittag bricht er vollkommen erschöpft zusammen. Er stirbt den »vorübergehenden Tod«, der ihn in den angestrebten Zustand von Trance und Delirium versetzt.

Als Sitting Bull wieder erwacht, hat ihm Wakan Tanka die Bestätigung seiner vorhergehenden Vision vermittelt und ihm noch einmal das Bild einer großen Zahl von

Blauröcken gezeigt, die sich barhäuptig und mit hängenden Köpfen vom Lager der Sioux fortbewegen. Jetzt besteht kein Zweifel mehr: Das ist das Bild einer Armee von Geschlagenen. Der Große Geist hat Sitting Bulls Opfer angenommen und den Sioux einen großen Sieg vorausgesagt.

Die Hunkpapa und ihre Verbündeten sind bereit, den Marschsäulen der Langmesser entgegenzutreten, wo auch immer sie sich ihnen zeigen mögen. Wakan Tanka steht – wie durch Sitting Bull kundgetan – auf ihrer Seite.

Die Männer beginnen, ihre Gesichter mit den Farben ihrer eigenen Visionen und denen des Kriegs zu bemalen. Sie überprüfen die Spannkraft ihrer Bögen, schnitzen neue Pfeile, ölen die alten Vorderlader und die wenigen erbeuteten Karabiner in ihrem Besitz. Es ist nicht bekannt, zu welchem Zeitpunkt und von welcher Position aus die Sioux Crooks Vormarsch verfolgen. Sicher ist jedoch, daß ihre Scouts jede seiner Bewegungen beobachten und – für ihn unsichtbar – ständigen Kontakt halten.

Als sich Crooks Truppen am 17. Juni 1876 nach der Nachtruhe im Tal des Rosebud Creek formieren, um ein angeblich acht Meilen weit entferntes Sioux-Camp anzugreifen, hört man aus der Richtung der Vorhut Schüsse fallen. Es dauert nicht lange, und die Scouts kommen in wilder Panik zurück. Sie berichten mit den Anzeichen allen Entsetzens, daß eine große Anzahl Indianer aufgetaucht sei und sich ihrerseits zum Angriff formiert habe. Es sind Crazy Horse' gefürchtete Oglala. Mit dem Ruf »Los, ihr Lakota, was für ein guter Tag zum Sterben!« schickt der Häuptling seine Krieger in die Schlacht.

Crook will mit seinen rund 800 Kavalleristen zum Gegenangriff blasen, doch es stellt sich schnell heraus, daß die Indianer ihm zuvorgekommen sind. Sie zwingen seine Angriffstruppe zum Absitzen und drängen sie in die Defensive. Crook versucht den Aufbau einer stabilen Gefechtsformation. Doch den Indianern gelingt es, in die Reihen der Blauröcke einzudringen und sie in eine ganze Anzahl einzelner Gefechte Mann gegen Mann zu verwikkeln.

Crazy Horse feuert seine Leute weiter an. Er treibt sie, sobald sie aufgeben wollen, immer wieder in das Kampfgeschehen zurück. Ganz im Gegensatz zur sonst üblichen Taktik des schnellen überraschenden Angriffs, des blitzschnellen Zuschlagens und des ebenso raschen Rückzugs halten die Oglala durch. Sie verbeißen sich regelrecht in den Gegner.

Es dauert bis zum Nachmittag, bis die roten Krieger endlich den Rückzug antreten, weil sie, wie sie später erklären, »müde und hungrig waren und nach Hause wollten«.

Crook will natürlich den Kampf am Rosebud, der seinen Vormarsch gestoppt hat, in letzter Minute in einen Sieg verwandeln und das angeblich nur acht Meilen abwärts des Rosebud gelegene große Camp der Sioux vernichten. Er befiehlt den acht Kavallerie-Kompanien unter Captain Mills, das Lager anzugreifen. Aber im letzten Augenblick erkennt der erfahrene Crook die Falle, die Crazy Horse in einem engen, schluchtartigen Tal aufgebaut hat. Er schickt einen Melder auf dem schnellsten verfügbaren Pferd hinterher, beordert Mills und seine Reiterei zurück und vermeidet in letzter Minute ein noch blutigeres Desaster. Das ihm gemeldete Sioux-Camp, so stellt sich heraus, existiert nur in der Phantasie der verängstigten Crow-Scouts.

Wie könnte es anders sein: Crook reklamiert in der »Schlacht am Rosebud Creek« den Sieg für sich. Merkwürdig bleibt, daß er den »geschlagenen Gegner« nicht weiter verfolgt, sondern sich sogar 40 Meilen weit zurückzieht und abwartet.

Auf der anderen Seite geben sich die Sioux nicht zufrieden damit, Crooks Angriff gestoppt zu haben: Sie halten seine Truppe in ständiger Alarmbereitschaft, beschäftigen sie mit ihren Feuerüberfällen. Sie zünden das trokkene Präriegras an, versuchen immer wieder, seine Packund Maultiere wegzutreiben, greifen kleinere Abteilungen an, beschießen das Hauptlager und nageln so über einen Monat lang Crook und seine Blauröcke in der Defensive fest, verhindern ihren weiteren Vormarsch. Im Verhalten der Sioux wird erstmals so etwas wie eine militärische Strategie sichtbar.

General Terrys Marschsäule stößt indessen weiter nach Westen vor, ohne vorläufig irgendwelche Indianer anzutreffen. Das Dampfschiff »Far West« wird zur Mündung des Powder River in den Yellowstone beordert, um dort als schwimmende Nachschub- und Relaisstation zu dienen. Die Militärs sind übereinstimmend der richtigen Ansicht, daß sich die Hauptmacht der Indianer am unteren Bighorn River beziehungsweise am Rosebud Creek befindet.

Um keine böse Überraschung zu erleben und sich den Rücken freizuhalten, müssen die Militärs sich zuvor vergewissern, daß die Gegend um den Tongue und Powder River, weiter stromab am Yellowknife, »feindfrei« ist. Major Reno, Custers stellvertretender Regimentskommandeur, erhält den Auftrag zur »bewaffneten Aufklärung«. Mit sechs Kompanien der Seventh Cavalry soll er den Powder River bis zu dessen Ursprung hinaufreiten, dann die Wasserscheide zum Tongue überqueren und an diesem entlang zum Yellowstone zurückkehren.

Aber Reno hat seine eigenen Vorstellungen: Er reitet mit seinen Leuten weiter zum Rosebud Creek. Es ist haargenau die Position, von der ihn General Terry fernhalten will, um die Indianer nicht vorzeitig zu alarmieren.

Reno erreicht, ohne etwas von General Crook zu sehen, zu hören oder zu wissen, den Rosebud Creek – 40 Meilen weiter nördlich – exakt an jenem 17. Juni, als dieser in die blutige Auseinandersetzung mit Crazy Horse' Oglala-Kriegern verwickelt ist. Reno wendet sich nach Norden und reitet statt entlang des Tongue River am Rosebud Creek vorbei in Richtung Yellowstone. Dabei kreuzt er den breiten, vielspurigen Trail einer bedeutenden Indianer-Streitmacht, folgt ihr aber nicht und kann deshalb auch nicht sagen, wohin sich der Gegner orientiert.

Für General Terry fügen sich die gesammelten Erkenntnisse zu einem Bild, das der Wirklichkeit sehr nahekommt: Er glaubt zu Recht, daß sich Sitting Bull und Crazy Horse am Little Bighorn, einem Zufluß des seinerseits in den Yellowstone einmündenden Bighorn River, befinden. Daraus entwickelt der General seinen Plan: Gibbon soll mit seiner von Westen her anrückenden Truppe den Little Bighorn aufwärts vormarschieren, Custer mit seiner Seventh Cavalry einen Bogen nach Süden schlagen und in einer Zangenbewegung von der Quelle des Flusses her abwärts reiten. Mit dieser Strategie sollen die Sioux eingekesselt und vernichtet werden. Es ist die klassische, in den Indianerkriegen immer wieder in die Wege geleitete »Hammer-und-Amboß-Taktik«, der Versuch, die Rothäute zwischen zwei Truppenteilen aufzureiben.

Gibbons Marschkolonne setzt sich am Mittag des 21. Juni in Bewegung. Ihr Ziel ist die Mündung des 50

Meilen entfernten Bighorn River. Um seine Rolle als Amboß aufrechtzuerhalten, muß er zum Little Bighorn vorrücken und die aller Voraussicht nach vor Custer flüchtenden Indianer stellen. Gibbon selbst bleibt zum weiteren Befehlsempfang zurück. Mit der »Far West« würde er seine Truppe rechtzeitig eingeholt haben.

Im Beisein von Gibbon instruiert General Terry Oberstleutnant Custer über seine Rolle als zuschlagender Hammer in der Zangenbewegung. Die Anweisung des Generals ist klar: Custer soll mit seinem Regiment den Rosebud Creek aufwärts reiten bis zu jenem Trail, den Major Reno mit seinem Aufklärungskommando entdeckt hat. Aber er soll ihm unter keinen Umständen folgen, um die Sioux nicht vorzeitig zu alarmieren, sondern statt dessen in südlicher Richtung den Rosebud Creek weiter stromauf reiten, dann nach Westen bis zur Quelle des Little Bighorn abdrehen. Von hier soll er diesem nach Süden fließenden Gewässer folgen. Irgendwo am Little Bighorn – General Terry ist sich sicher – muß sich das große Sioux-Lager befinden.

Mit dieser Taktik müßten, so glaubt man, Sitting Bull und Konsorten früher oder später zwangsläufig zwischen die Mahlsteine der Army geraten und zerrieben werden.

Um jede Möglichkeit des Entkommens der Indianer auszuschließen, soll Custer auch noch den oberen Tullock Creek, einen anderen kleinen Zufluß des Bighorn, erkunden. Sollte sich gegen alle Erwartungen das Sioux-Camp an diesem Bach befinden, so braucht die für den Little Bighorn entwickelte Gesamtstrategie nur dekkungsgleich auf den Tullock Creek übertragen zu werden.

Um über die Entwicklung der Lage auf dem laufenden zu bleiben, gibt General Terry einen seiner besten Scouts, George Hernandeen, Custer mit auf den Weg. Hernandeen soll zurückreiten und Terry über den Stand der Dinge am Tullock Creek informieren.

Terry macht weiterhin den Vorschlag, die Seventh Cavalry durch eine berittene Einheit aus Gibbons Reserve und seine Feuerkraft durch drei Gatling-Maschinenkanonen zu verstärken. Custer lehnt ab. All diese Dinge würden nur Verwirrung stiften und ihn stärker behindern, als den Operationen förderlich sei.

Gibbon beschwört Custer, nicht zu voreilig zu handeln, sondern so lange zu warten, bis er seine Truppen in Position gebracht hat.

Die Schlacht am Little Bighorn

Am Morgen des 22. Juni 1876 läßt Custer sein Regiment antreten und an General Terry vorbeidefilieren. Der General ruft dem Kommandeur der Seventh Cavalry ein ganz unmilitärisches »God bless you« nach.

Die Seventh Cavalry ist unter den gegebenen Verhältnissen eine beeindruckende Streitmacht. Sie besteht aus rund 600 Soldaten, aus einem halben Hundert indianischer Crow- und Arikara-Hilfstruppen und 20 weißen Scouts, Dolmetschern und weiterem Troß. Entsprechend geführt kann sich eine solche Einheit aufgrund ihrer militärischen Disziplin, ihrer Ausbildung, ihrer Beweglichkeit und Feuerkraft gegen jede Indianergruppe behaupten, so stark diese auch immer sein mag.

Am Abend des 24. Juni finden die Scouts den zuvor von Reno entdeckten Trail der Sioux am Rosebud Creek. Sie stellen fest, daß er sich – wie von General Terry erwartet – über die Wasserscheide in Richtung Little Bighorn River hinzieht. Das bedeutet, daß sich das indianische Camp am Little Bighorn River befinden muß und die entscheidende Operation wie geplant ablaufen kann.

Custer beordert seine Offiziere zu einer Besprechung und entwickelt seinen eigenen Schlachtplan. Der Befehl zur Aufklärung der Verhältnisse des Oberlaufes von Tullock's Creek wird beiseite geschoben. Terrys Befehl, den Scout Hernandeen mit den letzten Informationen zurückzuschicken, wird mißachtet. Hernandeen bleibt bei Custers Truppe.

Ebenfalls gegen General Terrys klare Anweisungen veranlaßt Custer, noch in der Nacht vorsichtig dem Indianer-Trail über die niedrigen, aber schwierigen sogenannten Wolf Mountains zu folgen. Im Laufe des folgenden Tages, des 25. Juni 1876, wird das Regiment in Deckung bleiben. Kundschafter sollen die Position der Indianer ausspähen. Custer wird dann nach den aktuellen Erkenntnissen die beste Angriffstaktik ausarbeiten. Nach einer weiteren Nacht in Deckung soll das Regiment am 26. Juni vor Tagesanbruch überraschend angreifen.

Die einzige Orientierung in der mondlosen Nacht ist das Geklapper der blechernen Kochgeschirre, und durch dieses Geschepper halten die Reiter untereinander akustischen Kontakt. Die ausgepumpten, übermüdeten Soldaten können sich kaum noch in den Sätteln halten. Sie überlassen sich vollkommen dem Instinkt der Tiere, während diese sich hintereinander über das unebene, von der Erosion zernarbte Gelände vorwärts tasten. Es ist eine sehr gefährliche Lage. Wäre das weit auseinandergezogene Regiment hier von den Indianern angegriffen worden – die Katastrophe wäre unabwendbar gewesen. Endlich, gegen zwei Uhr morgens, sieht auch Custer ein, daß es so nicht weitergeht. Er gibt den Befehl zum Absitzen.

Die Scouts arbeiten sich langsam weiter bis zur Wasserscheide vor. Im ersten Morgengrauen ist für die Weißen nichts zu sehen außer der Baumgalerie entlang des Little Bighorn River. Doch die scharfen Augen der Indianer erkennen in der sich ganz schwach bewegenden dunklen Masse am Fluß eine riesige Ponyherde.

Leutnant Varnum, der Befehlshaber der Scouts, sieht immer noch nichts vom Ziel – doch als er sich umdreht, bemerkt er den Rauch der Feuer von Custers Lager. Eine haarsträubende Unvorsichtigkeit! Varnum ist sicher, daß die Späher der Sioux längst bemerkt haben, daß sich da etwas tut und daß sie zu Gegenmaßnahmen bereit sind.

Später am Morgen bemüht sich Custer selbst zu dem »Crow's Nest« genannten Aussichtspunkt, kann aber trotz seines Feldstechers nichts ausmachen. Ein leichter Dunstschleier hat sich über das Sioux-Camp gelegt.

Custer glaubt seinen eigenen Augen und seinem Glas mehr als den Scouts. Am späteren Morgen stellt sich heraus, daß ein mit der Suche nach einem während des Nachtmarsches verlorengegangenem Maultier beauftragter Sergeant auf eine Handvoll Sioux-Krieger gestoßen ist. Die Sioux haben die Packtaschen geöffnet und sich an der dort vorgefundenen Verpflegung gütlich getan. Jetzt besteht kein Zweifel mehr: Unsichtbar für das Militär beobachten Dutzende wachsamer Augen jede Bewegung von Custers Truppen. Das Überraschungsmoment, sollte es ein solches je gegeben haben, ist verflogen wie der Sommernebel vor den ersten warmen Strahlen der Sonne.

Obwohl Custer immer noch nicht überzeugt ist, daß sich das Indianerlager in der Nähe befindet, gibt er den Befehl zu sofortigem Vorrücken. Er befürchtet, daß sich der Feind, der jetzt eindeutig gewarnt ist, zurückziehen könnte. Das hätte zur Folge, ins Leere zu laufen, statt siegreich und ruhmbedeckt ins Feldlager zurückzukehren.

Das bedeutet aber auch, daß Custer gegen den ausdrücklichen Befehl seines Vorgesetzten General Terry einen Tag zu früh attackieren, auf Gibbons Unterstützung verzichten und demzufolge den Kampf allein ausfechten müßte, mehr noch, daß die Seventh Cavalry, daß Custer allein den Siegesruhm an seine Fahne heften könnte, ohne ihn mit irgend jemand teilen zu müssen.

Ohne Rücksicht auf das Verhalten seiner sich nach und nach verflüchtigenden indianischen Hilfstruppen zu nehmen, führt Custer das Regiment auf den höchsten Punkt der Wasserscheide zwischen Rosebud Creek und Little Bighorn River. Er trifft die Vorbereitungen zur Attacke. Dabei spielt er seine Lieblingstaktik aus und teilt das Regiment in Bataillone auf: Die Kompanien A, G und M werden Major Renos Kommando unterstellt. Captain Benteen wird der Befehl über die Kompanien H, K und D übertragen. Custer selbst behält die Kompanien C, L, E, F und I unter seinem eigenen Kommando. Die Kompanie B wird zur Bewachung des Trosses abgestellt.

Vor ihnen liegt ein hügliges, durch Erosionsfurchen zerrissenes, unübersichtliches Gelände, das nichts mehr mit der weiten Ebene der Prärie gemein hat – das Vorland der Bighorn Mountains. Bis hin zum Little Bighorn River und damit zum für Custer immer noch unsichtbaren Indianer-Camp sind es etwa zwölf Meilen oder knapp 20 Kilometer Luftlinie.

Custer befiehlt Captain Benteen, mit seinem etwa 125 Mann starken Bataillon linker Hand von der Hauptvormarschrichtung des Regiments abzubiegen, um mögliche Vorposten der Indianer auf den dortigen Hügeln auszukundschaften und auszuheben. Gleichzeitig soll er die Flanke sichern und dann zum Kern des Regiments zurückkehren.

Kaum ist Benteen mit seinen Leuten abgerückt, schickt ihm Custer einen Melder mit dem Befehl hinterher, die Aufklärungs- und Flankenschutz-Operation bis zum Erhalt gegenteiliger Order fortzusetzen und unabhängig vom Gros des Regiments auf eigene Faust zu agieren.

Custer stößt bei seinem Vormarsch auf ein einzeln stehendes Tipi. Als sich die Soldaten vorsichtig nähern, stellen sie fest, daß es einen toten Feind, den aufgebahrten Körper eines offenbar sehr angesehenen Sioux-Kriegers, beherbergt. Mit großer Genugtuung verbrennen die verbliebenen Arikara-Scouts die Begräbnisstätte ihrer alten Feinde mitsamt ihrem Inhalt. Für sie ist es eine Form nachträglicher Rache: Damit haben sie dem toten Feind alle Aussichten auf einen glorreichen Einzug in die Ewigen Jagdgründe gründlich verdorben.

Danach folgen Custer und Reno einem Bach, der sie – ohne daß es ihnen bewußt ist – in die unmittelbare Nähe des Indianerlagers geführt hätte. Jetzt sieht auch der Regimentskommandeur, daß sich etwas am Little Bighorn tut: In dem Sonnenglast erhebt sich eine riesige Staubwolke. Sie kann von nichts anderem rühren als von einer großen Pferdeansammlung, und hier muß auch das Dorf sein. Aber der Staub, so wird es zumindest von Custer interpretiert, könne auch eine Flucht der Indianer bedeuten. Und dem gilt es um jeden Preis zuvorzukommen! Der Oberstleutnant lechzt wie ein durstiger Hund nach Wasser nach Anerkennung und Ruhm, den er – koste es, was es wolle – an seine Fahnen zu heften gedenkt. Er muß den Gegner stellen, muß mit ihm kämpfen, muß ihn vernichten!

Einer der zur Flankensicherung abgestellten Soldaten meldet, daß er diesseits des Flusses eine Gruppe von ungefähr 40 Kriegern in panikartiger, heilloser Flucht entdeckt hat. Custer gibt sofort den Resten seiner indianischen Crow- und Arikara-Hilfstruppe den Befehl, die Flüchtenden zu verfolgen. Doch die Crow kennen ihre alten Widersacher, die Sioux, viel zu gut, um auf so etwas hereinzufallen. Sie weigern sich, Custers Anordnung nachzukommen, und schlagen sich ebenfalls seitwärts in die Büsche.

Darauf gibt Custer an Reno die Anweisung zur Verfolgung und zum Angriff auf den Gegner. Er gibt dem Major die Zusicherung, sollte er, Reno, in Schwierigkeiten geraten, werde Custer ihm mit der ganzen Streitmacht seiner fünf Kompanien zur Hilfe eilen und ihn heraushauen.

Custers Strategie, sofern er überhaupt eine andere als die Befriedigung seines brennenden persönlichen Ehrgeizes verfolgt, ist selbstmörderisch. Er mißachtet damit nicht nur einen klaren Befehl; er läßt ohne Not auch seine Rolle als »Hammer« und die von Gibbons Truppe als »Amboß« fallen – er verzichtet überhaupt auf jegliche Zusammenarbeit mit den heranrückenden Truppen Gibbons. Er will den Sieg, und er will ihn ausschließlich für sich.

Custers Seventh Cavalry ist nicht nur auf sich allein gestellt, ihr Kommandeur hat sie zusätzlich in vier voneinander isolierte Einheiten aufgesplittet. Reno hat 112 Mann plus 25 indianische Scouts, Benteen befehligt 125 Mann. Custer selbst reitet mit dem auf 225 Mann geschrumpften Gros dem Gegner entgegen. Der Rest, rund 130 Mann, bildet die Nachhut und die Bedeckung für die Nachschubkolonne.

Es besteht kein Plan für eine gemeinsame Aktion, außer der Anweisung an Reno: »Anzugreifen, um dann von den übrigen Einheiten unterstützt zu werden.«

Selbst nachdem für jeden erkennbar ist, daß alles auf eine Konfrontation mit einer zumindest zahlenmäßig weit überlegenen indianischen Streitmacht hinausläuft, hat Custer seine Truppe entscheidend geschwächt. Als geschlossene Einheit wäre das Regiment dank seiner militärischen Ausbildung und Feuerkraft auch für ein paar tausend Indianer ein hart zu schluckender Brocken, doch mit den einzelnen Teilformationen haben sie relativ leichtes Spiel.

Als erster gerät Major Reno in die Bredouille. Er hat gegen zwei Uhr mittags den Little Bighorn erreicht und überschritten. Da wird ihm von seinen ihm verbliebenen Scouts gemeldet, daß sich die feindlichen Indianer keineswegs auf der Flucht befinden, sondern lediglich wild in der Gegend herumgaloppierten – in der eindeutigen Absicht, ihre Zahl und Pläne für die Blauröcke in den aufgewirbelten Staubwolken zu verschleiern. Reno gibt befehlsgemäß sofort das Kommando, Gefechtsposition einzunehmen. Als hin und wieder aus der Staubwolke die konischen Formen der Tipis sichtbar werden, befiehlt er den Angriff.

Kaum hat Reno den Befehl erteilt, erkennt er zu seinem Entsetzen, auf welch selbstmörderische Konfrontation er sich eingelassen hat. In letzter Sekunde widerruft er, ordnet an, unverzüglich abzusitzen und Verteilungsposition zu beziehen. Im selben Moment bricht wild und unwiderstehlich wie ein Präriegewitter der Angriff der Sioux gegen seine linke Flanke los, die von den indianischen Hilfstruppen gesichert werden soll. Die noch bei der Truppe verbliebenen Arikara- und Crow-Krieger erkennen, daß ihre Position nicht zu halten ist. Sie suchen das Weite.

Renos Männer wehren sich mit dem Mut der Verzweiflung, können aber nicht verhindern, daß sie auf der weichen linken Flanke umgangen und auch vom Rücken her angegriffen werden. Reno hofft verzweifelt darauf, daß – wie versprochen – Custer mit seiner ganzen Streitmacht kommen und ihn heraushauen wird.

Bis jetzt hat es auf beiden Seiten nur leichte Verluste gegeben. Die Sioux praktizieren ihre traditionelle Kampfesführung. Sie scheinen eher interessiert, mit großem Getöse ihre Vorderlader abzuschießen, ihre Pfeile schwirren zu lassen, vor den Gewehren der Soldaten ihre Mutproben abzuliefern und ihre Reiterkunststückchen zu demonstrieren, als den Gegner zu vernichten. Umgekehrt feuern die Soldaten blindlings in den vor ihnen aufgewirbelten Staub hinein. Sie versuchen vergeblich, die sich schnell bewegenden, nur schemenhaften Ziele zu treffen. Auch sie richten kaum Schaden an. – Es gehört zur Taktik der Indianer, den Gegner erst seine Munition verschießen zu lassen und dann ernsthaft anzugreifen.

Reno merkt, daß seine Position unhaltbar wird. Er nimmt seine Soldaten auf die Innenseite einer Biegung des Little Bighorn River zurück. Die Blauröcke finden hinter den Bäumen Deckung, während das Flußufer an den beiden Flanken ein natürliches Bollwerk darstellt. Es ist eine gute Verteidigungsposition. Der Fluß schützt nicht nur zu beiden Seiten, sondern auch im Rücken.

Aber Reno hat zu wenig Leute. Die Sioux sickern zwischen seiner Schützenlinie ein und verwickeln die Kavalleristen im Dickicht in mörderische Nahkämpfe. Reno merkt bald, daß auch diese Position nicht zu halten ist: Er bläst zum Sammeln, läßt seine Soldaten auf die noch brauchbaren Pferde aufsitzen. Er will die letzte verzweifelte Ausbruchsmöglichkeit nutzen.

In diesem Augenblick wird der direkt neben Reno kämpfende Arikara Bloody Knife (einer der wenigen der »roten« Hilfstruppe, die nicht geflüchtet sind) von einer Kugel in den Kopf getroffen. Blut und ein Teil seiner Gehirnmasse spritzen in Renos Gesicht. Das ist zuviel für den Major: Er verliert die Nerven. Vielleicht erinnert er sich an das Schicksal des seinerzeit von Custer schmählich im Stich gelassenen Captain Elliott. Er gibt den Befehl, wieder abzusitzen und – nach weiteren Verlusten – wieder aufzusitzen. Aber das Kommando erreicht nicht alle. Viele bleiben zurück. Die restlichen Männer des Bataillons schlagen sich wild mit den Indianern herum, bis sie endlich den Fluß überqueren, wobei sie weitere Verluste erleiden, bis sie offenes Gelände erreichen. Dabei geht jede Ordnung verloren. Die Blauröcke versuchen, sich in regelloser Flucht zu retten.

Es ist oberstes Credo der Militärführung, um keinen Preis auch nur einen einzigen Verwundeten in die Hände der feindlichen Indianer fallen zu lassen. Man weiß aus bitterer Erfahrung: Wer lebend zurückbleibt, dem droht aller Wahrscheinlichkeit nach viel Schlimmeres als der bloße Tod auf dem Schlachtfeld.

Leutnant Varnum versucht verzweifelt, die ihm verbliebenen Männer bei ihrer Flucht aufzuhalten, die Truppe zu ordnen, um wenigstens die zurückgebliebenen Verwundeten zu bergen. Aber Major Reno unterbindet in seiner Panik diese Absicht mit dem Befehl an Varnum, sich ebenfalls abzusetzen. Er – und kein anderer – führe hier das Kommando!

Das unvermeidliche Resultat ist, daß die meisten der Verwundeten den Sioux in die Hände fallen. Doch deren Krieger halten sich nicht lange mit Bestialitäten auf. Sie machen kurzen, immer noch schrecklichen Prozeß.

Renos Truppe verliert weitere Leute, bis es ihr endlich gelingt, sich zu sammeln.

Reno hat etwa die Hälfte seiner Männer eingebüßt, fast die gesamte Munition ist verschossen. Hätten die Indianer nicht das Gefecht aus für die Weißen unerfindlichen Gründen abgebrochen, Renos Bataillon wäre bis auf den letzten Mann vernichtet worden.

Captain Benteen irrt indessen befehlsgemäß mit seiner Abteilung in dem zerfurchten, unübersichtlichen Gelände auf der vergeblichen Suche nach weiteren Indianern herum, bis es ihm zu dumm wird. Unter Mißachtung der ihm von Custer aufgetragenen Order kehrt er um. Er glaubt, seine Truppen anderswo effektiver einsetzen zu können, schlägt einen Bogen und schwenkt auf Custers breite Fährte ein.

Hier stößt er auf den langsam nachrückenden Troß. Es ist der Augenblick, als die vor Durst halb wahnsinnigen Packmulis trotz der Flüche und Gegenwehr der Treiber, nach Wasser lechzend, in einen sumpfigen Morast galoppieren und sofort steckenbleiben.

Benteen tränkt seine Pferde, überläßt es der mit dem Nachschub beauftragten B-Kompanie, ihre Mulis wieder auf Trab zu bringen, und folgt mit seinem Kommando Custers Trail. Er passiert die noch rauchenden Überreste der niedergebrannten Tipis, als auf schäumendem Roß Sergeant Daniel Kanipe erscheint und triumphierend meldet: »Wir haben sie, wir haben sie gestellt, Captain!«

Er berichtet, Custer habe ihn zurückgeschickt, um sich zu vergewissern, ob der Troß mit Munition nachkäme, weil der Oberstleutnant drauf und dran sei, das Indianerlager anzugreifen. Im selben Augenblick erscheint ein weiterer Melder, der Benteen auffordert, sofort aufzurükken und weitere Munition mitzubringen. Er solle sich ranhalten, Reno sei ebenfalls dabei, anzugreifen.

Benteen hält sich »ran«. Auch er fürchtet, die große Schlacht könne ohne ihn geschlagen werden. Unerträglich der Gedanke, auf diesem Ruhmesblatt der glorreichen Seventh Cavalry, das ganz offenbar soeben aufgeschlagen wird, seinen Namen an wenig prominenter Stelle zu finden!

Inzwischen ist im Vorfeld deutlich Gewehrfeuer zu hören. Es dauert nicht lange, und Benteen kann das Tal des Little Bighorn überblicken. Er sieht, wie feindliche Sioux die Verwundeten und Versprengten aus Major Renos Bataillon niedermachen. Benteen kommen erste Zweifel: Offenbar ist das Ganze doch kein Spaziergang für die Seventh Cavalry.

Crow-Scouts tauchen auf und deuten auf jenen Hügel, wo Reno den Rest seiner Truppe versammelt hat, um den letzten, vernichtenden Angriff der Indianer abzuwarten und sein Leben so teuer wie möglich zu verkaufen.

Benteen merkt, daß inzwischen die Karten anders als erwartet gemischt sind. Er ändert seinen Plan und reitet mit seinen Leuten zu Reno hinüber. Er findet den Major am Ende seiner Nervenkraft und nicht mehr fähig, seine Rolle als Kommandeur auszuüben. Benteen übernimmt das Kommando der durch seine Truppe verstärkten, wieder Hoffnung schöpfenden Verteidiger. Trotzdem: Sie richten sich auf einen Kampf auf Leben und Tod ein.

Aber die Sioux greifen nicht an. Nur eine Handvoll ihrer Krieger ist zurückgeblieben. Hin und wieder wechseln sie ein paar Schüsse mit den Kavalleristen.

Als Reno nach und nach wieder Kontrolle über sich zurückgewinnt, fragen sich die beiden Offiziere, wo ihr Kommandeur, wo Custer abgeblieben sein mag.

Da weder Reno noch Benteen Anstalten macht, etwas über Custers Schicksal herauszufinden, übernimmt Captain Weir die Initiative und rückt mit seiner Kompanie aus, um die Lage aufzuklären und, wenn nötig, zur Unterstützung des Regimentskommandeurs einzugreifen.

Inzwischen ist weit und breit kaum noch ein Indianer zu sehen. Darauf folgt auch Benteen mit seinen drei Kompanien vorsichtig der Aufklärungseinheit. Reno, wenn auch immer noch auf wackligen Beinen, hält seine Position.

Benteen versucht, sich von einem nahebei gelegenen Hügel einen Überblick zu verschaffen. In einer Entfernung von etwa vier Meilen weiter nördlich kann er eine große Staubwolke ausmachen. Er hört lebhaftes Gewehrfeuer.

Kaum ist der Captain wieder an der Spitze seiner Truppen, werden sie selbst von den Sioux mit unvermuteter Heftigkeit attackiert. Es geht inzwischen nicht mehr um Kampfesruhm und Soldatenehre, sondern darum, die eigene Haut nach Kräften zu verteidigen. Benteen überläßt Custer seinem Schicksal und zieht sich zu Renos abgekämpfter und demoralisierter Einheit und damit auf die vorherige Stellung zurück. Diese bietet zumindest den Vorteil einer guten, natürlichen Verteidigungsanlage.

Trotzdem ist es nicht die überlegene Strategie, sondern die hereinbrechende Dunkelheit, die Reno und Benteen vor dem sogenannten Heldentod, das heißt dem kompletten, blutigen Desaster bewahrt.

Die Soldaten versuchen verzweifelt, sich während der Nacht so klein wie möglich zu machen, sich einzugraben. Sie schaufeln mit allem, was sie haben – mit Bechern, Tellern, Messern, Äxten. Die Pferde werden abgesattelt und die Sättel als Brustwehr verwandt. Mit Bangen und Zagen erwarten sie das Morgengrauen und den vernichtenden Angriff der Sioux. Die sieggewohnte Elitetruppe ist zu einem Haufen ängstlicher, demoralisierter Überlebender geworden.

Doch der erwartete Angriff der geballten Masse der indianischen Krieger kommt nicht. Den ganzen 26. Juni bedrohen die Sioux Renos und Benteens Kavalleristen. Sie reiten auch einige wenige Angriffe, aber ihre Bemühungen scheinen halbherzig und wenig überzeugend. Dann läßt der Druck aus scheinbar unerfindlichen Gründen ganz nach. Sie ziehen ab. Die Verteidiger sehen zu ihrer Überraschung und grenzenlosen Erleichterung, daß die

Indianer in aller Hast die Tipis des Camps abbauen und von der Bildfläche verschwinden.

Was sie nicht sehen und wissen können: Von Norden her rücken General Terry und Gibbon mit ihren Infanterieverbänden und Geschützen an. Die Scouts der Sioux haben diese neue Bedrohung rechtzeitig ausgemacht. Die Häuptlinge haben sich entschieden, diesem neuerlichen Kampf auszuweichen.

Während Benteen und Reno immer noch nichts vom Schicksal ihres Regimentskommandeurs, des Oberstleutnants Custer, und seiner Leute ahnen, verdichten sich für Terry und Gibbon die düsteren Anzeichen, die auf eine militärische Katastrophe hindeuten. Verbündete Crow-Scouts berichten, daß eine große Schlacht stattgefunden habe, in der »alle Pony-Soldaten getötet worden seien«.

Natürlich glaubt man, von den Aussagen der Indianer die entsprechenden Abstriche machen zu müssen, vermutet aber, daß verbissene, vielleicht sogar verlustreiche Kämpfe stattgefunden hätten. Am Morgen des 27. Juni rückt Gibbons Abteilung weiter vor. Major Reno und Captain Benteen sehen die Staubwolken. Die beiden Offiziere wissen anfänglich nicht, ob es sich um Freund oder Feind handelt, und warten erst einmal ab.

Nachdem sie die Truppen einwandfrei als Einheiten der US Army identifizieren können, befehlen sie den beiden Leutnants Hare und Wallace, Gibbons Leuten entgegenzureiten.

Als die beiden Offiziere vor den an der Spitze der Infanterie reitenden Befehlshaber Terry und Gibbon ihre Pferde zügeln, fragen sie wie aus einem Mund: »Wo ist Custer?«

Weder Terry noch Gibbon kennen die Antwort. Doch als sie wenig später zusammen mit Benteen und Reno auf

Von Indianern getötete Kavalleristen – ihrer Kleider beraubt, skalpiert und mit Pfeilen gespickt

jenem Hügel stehen, wo diese beiden Offiziere mit ihren Leuten Verteidigungsposition bezogen hatten, um dem letzten, wahrscheinlich fatalen Angriff der Sioux zu begegnen, der dann doch nicht kommen sollte, da erscheint abgehetzt und auf schäumendem Roß Leutnant Bradley.

Er meldet, er habe befehlsgemäß das Gelände am Ostufer des Little Bighorn inspiziert und in der Distanz merkwürdige weiße, körperähnliche Formen gesehen. Bei einer näheren Untersuchung habe sich herausgestellt, daß es sich um ihrer Kleider beraubte Soldaten, um Leichen handle. Er habe 197 Tote gezählt, die zwischen den ebenfalls getöteten Pferden lägen.

Die schrecklichen Vorahnungen bestätigen sich. Das kann nur bedeuten, daß eine entsetzliche Tragödie über die blutgetränkte Bühne des amerikanischen Westens gegangen war. Die letzte Hoffnung und auch der letzte Zweifel um den Verbleib Custers ist ausgeräumt, und das blutige Desaster ist durch die niederschmetternde Nachricht bestätigt. Es besteht kein Zweifel: Der strahlende Held und fünf Schwadronen der elitären Seventh Cavalry sind von den Sioux ausgelöscht worden.

Bei der näheren Aufklärung stellt sich heraus, daß kein einziger von Custers Leuten übriggeblieben ist, der Zeugnis geben kann oder den Ablauf des grausigen Geschehens zu erklären vermag. Man ist auf Vermutungen angewiesen, muß nach den Kampfspuren und der Position der Gefallenen das Gemetzel, das als »Custer's Last Stand« einen Markstein in der Geschichte des Westens setzen soll, rekonstruieren.

Die siegreichen Indianer, die an der Schlacht teilgenommen haben, sind mit ihren späteren Aussagen sehr vorsichtig und zurückhaltend. Bekannt werden allenfalls mehr oder weniger kleine Details dessen, was sich als die Bestätigung von Sitting Bulls Visionen und letztendlich als größter militärischer Sieg über die »Langmesser« erweisen sollte.

Historiker und Militärstrategen, Laien und Fachleute tragen in den späteren Jahren Steinchen für Steinchen zu dem Mosaik zusammen, das als tausendmal beschriebene und hunderttausendmal erörterte blutigste Niederlage der US Army in die Geschichte der Indianerkriege eingehen wird.

Diese »Schlacht« zählt zu den dramatischen Stoffen, aus denen Legenden entstehen. Hunderte berufener sowie unberufener Autoren, Kommentatoren, Stückeschreiber – vor allem aber das spätere Hollywood – haben die Agonie dieses Teiles der Seventh Cavalry bis in unsere heutigen Tage hinein von allen Aspekten beleuchtet, haben ihre Gestalten mit dem Ruhmeslorbeer altgriechischer Tragödienhelden umkränzt oder sie als verachtenswerte Handlanger einer von Weißen gesteuerten Vernichtungsmaschinerie bezeichnet, die endgültig das Grab des Roten Mannes schaufeln sollte.

Die nüchterne, historische Rekonstruktion des Geschehens ergibt folgendes Bild: Anfangs folgte Custer, wie es geplant war, Major Reno und dessen Leuten. Doch dann, als er das Gewehrfeuer hörte und ihm berichtet worden war, daß die Indianer nicht Hals über Kopf flohen, sondern ihrerseits angriffen, da wollte Custer seine ureigene Version von Amboß und Hammer in die Tat umsetzen. Statt Reno herauszuhauen, überließ er den Major seinem Schicksal und faßte den Entschluß, das Indianer-Camp von der Flanke her anzugreifen, dann einzuschwenken und den Feind zwischen seinen und Renos Soldaten aufzureiben.

Custers Problem war, daß er die Kampfkraft der Seventh Cavalry maßlos über- und die der Indianer unterschätzte. Zum Zeitpunkt seines fatalen Manövers hatte er ganz zweifelsfrei die Ausmaße des sich über drei Meilen erstreckenden Indianer-Camps erkennen und daraus mühelos die Anzahl der hier versammelten 2 000 bis 3 000 Krieger abschätzen können.

Doch alle, die Custer näher kannten, wußten: Je größer für ihn die Herausforderung war, um so steiler und höher reichte für ihn die Ruhmesleiter hinauf. Sein Ehrgeiz und sein krankhaftes Streben nach Anerkennung vernebelten jegliche nüchterne Einschätzung der Lage. Zudem vertraute er ganz einfach auf die scheinbare Unbesiegbarkeit der Seventh Cavalry und – solange diese unter seinem Kommando kämpfen würde – auch auf das legendäre »Custer's luck«, das ihm offenbar nachlaufende sprichwörtliche Glück.

Was ab diesem Zeitpunkt geschah, läßt sich unschwer nachvollziehen: Die Sioux- und Cheyenne-Krieger fielen mit der zerstörerischen Gewalt eines unwiderstehlichen, plötzlichen Prärietornados über Custers Truppen her. Es gelang diesen unter großen Verlusten, auf den nächsten Hügel zu flüchten und, so gut es eben ging, eine provisorische Verteidigungsposition zu beziehen. Aber dann brach Häuptling Gall, der zuvor im Feuer von Renos Truppen Frauen und Kinder verloren hatte, mit einer nie zuvor gekannten, wütenden, vernichtenden Vehemenz mit seinen Kriegern über die Kavalleristen her und machte die Kompanien L und I bis auf den letzten Mann nieder.

Dann kam Crazy Horse mit der Hauptmacht seiner Oglala heran und mit ihm Two Moon mit seinen Cheyenne-Kriegern.

Die Positionen der gefallenen Blauröcke zeigten, wie im Handumdrehen jegliche Gefechtsordnung zusammenbrach und der Kampf Mann gegen Mann ausgefochten wurde, bis der letzte US-Soldat tot am Boden lag.

Benteen und zwei andere Offiziere identifizierten Custers Körper. Er war nicht skalpiert, aber – wie die meisten der übrigen Leichen – seiner Kleider beraubt worden. Ein Schuß in die Schläfe und ein anderer in die Brust hatten seinem Leben ein Ende gesetzt. Um ihn herum lagen die Körper seiner Brüder Tom und Boston, seines Neffen Authie Reed, seines Adjutanten Cooke, seiner Offiziere

Smith und Yates sowie die seiner letzten 50 Soldaten. Als alles verloren war, hatten die Überlebenden sich um ihren Kommandeur geschart. Sie hatten bis zum unvermeidlichen, bitteren Ende gekämpft.

Aber sie zahlten mit ihrem Leben für den rücksichtslosen Ehrgeiz und das strategische Unvermögen ihres Kommandeurs. Sie waren bedauernswerte Opfer, die, als ihre Stunde schlug, die letzten Minuten ihres Daseins als verzweifelte Agonie erlebt haben müssen. Sie wurden verheizt von einer rücksichtslosen Vernichtungsmaschinerie, deren Hebel von Männern bedient wurden, die kaum einen auf dem Schlachtfeld vergossenen Tropfen Blut zu Gesicht bekamen, geschweige denn das von ihnen indirekt angerichtete Unheil auch nur eine Sekunde lang am eigenen Leib verspürten.

Wie sich später herausstellte, war der Kavallerie-Wallach »Comanche« des ebenfalls getöteten, kommandierenden Offiziers der I-Kompanie, Captain Miles Keogh, das einzige Wesen, das Oberstleutnant Custers letztes Gefecht überlebt hatte. Doch wie es schien, nicht sehr lange. Das Tier blutete aus sieben schweren Wunden. Aus irgendwelchen Gründen scheute man sich, dem Pferd den Gnadenschuß zu geben. Und, was niemand erwartete, langsam erholte sich das zähe Schlachtroß. Mühevoll und langsam schaffte es mit eigener Kraft die 20 Meilen bis zur Mündung des Little Bighorn in den Bighorn. Bis hierhin war der zur Truppenversorgung gecharterte Raddampfer »Far West« hinaufgedampft. »Comanche« wurde zusammen mit den überlebenden Verwundeten aus Major Renos Bataillon an Bord genommen. Das Kavalleriepferd sollte bald genesen.

»Comanche« erhielt den Status eines in Ehren entlassenen Veteranen. Er brauchte keinerlei Dienst mehr zu tun.

Während aller Paraden, an denen die Seventh Cavalry teilnahm, erhielt »Comanche« einen Ehrenplatz in der Formation und wurde am Zügel mitgeführt. Der einzige Überlebende von »Custers letztem Gefecht« starb im reifen Zossenalter von 30 Jahren eines natürlichen Todes.

Die »Feuerrösser« und ihre Schienenwege brechen in die Domäne der Prärieindianer ein

Vom Sieg bleibt nur Erinnerung

Es ist natürlich hochinteressant, nach der »weißen« die indianische Version des Geschehens am Little Bighorn auszuloten. Doch das ist schwierig, wenn nicht gar unmöglich. Keiner der Indianer, auch nicht Crazy Horse oder Sitting Bull, besaß den vollkommenen Überblick. Genau wie die Krieger und die »Nichtkombattanten« reagierten sie entschlossen und mutig, aber auch impulsiv und ohne eine sichtbare Gesamtstrategie zu verfolgen:

Nachdem die Frauen die Tipis abgebrochen, sie und ihren weiteren Besitz auf die »travois« verladen haben, ziehen sie vom Rosebud zum Greasy Grass River, den die Weißen Little Bighorn nennen.

Die »Wölfe« genannten Späher umkreisen in immer weiteren Bögen das neue Lager, um gegen jede nur denkbare Überraschung durch die Blauröcke gefeit zu sein.

Kaum jemand hat »Pehin Hanska« oder »Long Hair«, wie Custer bei den Sioux genannt wird, zuvor selbst gesehen. Man weiß, daß er 1874 die »Straße der Diebe«, wie die Indianer den Trail der Weißen in die Black Hills nennen, angelegt, und auch, daß er im Jahr zuvor während der Kämpfe um die Vermessung der Eisenbahnlinie entlang des Yellowstone River auf der Seite der Blauröcke gefochten hat.

Sitting Bull sieht nicht in »Long Hair« Custer, sondern in dem von den Sioux »Three Stars« genannten General Crook seinen schärfsten und gefährlichsten Widersacher. Unter Custers Truppen hält er Renos Scout Bloody Knife, jenen Arikara, der schon einmal den Häuptling Gall schwer verwundet hat, für den Gegner, den es am vordringlichsten auszuschalten gilt.

Nachdem man in den Wochen zuvor Crooks Vormarsch gestoppt und ihn zum Rückzug gezwungen hat, herrscht unter den Sioux-Kriegern Hochstimmung. Man hat den »Langmessern« standgehalten, es ist gelungen, eine für indianische Verhältnisse einmalige Streitmacht von 2 000, vielleicht sogar 3 000 Kriegern zusammenzuziehen. Was aber viel wichtiger ist, das sind Sitting Bulls Visionen. Und die haben von einem weiteren großen Sieg gesprochen. Man fühlt sich sicher und zuversichtlich.

Die Indianer merken, daß etwas in der Luft liegt, daß die Weißen Entscheidendes planen. Ihre Scouts haben von einer Kolonne der Langmesser berichtet, die sich dem Lager vom Osten her nähert, doch sie scheint noch weit genug entfernt, um wirklich bedrohlich zu werden. Es ist nicht einmal gesagt, ob sie überhaupt in die Nähe des Camps gelangen wird. Kein Grund zur Beunruhigung und zu voreiligen Aktionen. Einige Krieger bemalen ihre Körper, einige pflocken ihre besten Ponys in der Nähe ihrer Tipis an, um sie, falls notwendig, sofort zur Hand zu haben. Aber das sind die Ausnahmen.

Direkte Vorbereitungen auf den Kampf gibt es am Morgen des 25. Juni 1876, als Custer und seine Truppen bereits bis auf Sichtweite an das Camp herangekommen sind, immer noch nicht. Irgendwie weigern sich die Sioux, die sich inzwischen sehr konkret manifestierende Bedrohung ernst zu nehmen.

Erst am Mittag hört man im Lager aufgeregte Stimmen: »Sie kommen, sie greifen an!« Zu diesem Zeitpunkt ist Major Reno bereits dabei, mit seiner Vorausabteilung den Little Bighorn zu überschreiten. Jetzt erst greift die

Mehrzahl der Krieger zu ihren Waffen, rennt zur Flußniederung hinunter, um aus der riesigen Ponyherde ihre besten Pferde herauszusuchen. Einige, unter ihnen One Bull und Sitting Bull, heißen ihre Mütter hinter sich aufsitzen. Sie galoppieren mit ihnen außerhalb der Schußweite der feindlichen Karabiner, bringen ihre Frauen in Sicherheit und kehren ins Camp zurück.

Die Hunkpapa-Tipis liegen bereits im Bereich der Gewehre der sich vom Süden nähernden Blauröcke. Sie sind als erste gefährdet. Renos Arikara-Scouts feuern planlos in die nächstgelegenen Zelte. Sie töten mehrere Frauen und Kinder, darunter Häuptling Galls zwei Frauen und drei seiner Kinder. Dann stieben sie davon.

Eine Frau, Moving Robe Woman, beschreibt die Situation in einem späteren Gespräch: »Ich hörte eine schreckliche Gewehrsalve. Die Kugeln zerfetzten die Stützstäbe des Tipis. Frauen und Kinder rannten schreiend weg, um den Geschossen zu entkommen. Im allgemeinen Tumult hörte ich alte Frauen und Männer die Todesgesänge für die Krieger anstimmen, die nicht zurückkehren würden. Diese Krieger waren aber jetzt bereit.«

Die Hunkpapa-Krieger werfen sich auf ihre Ponys, galoppieren dem Gegner entgegen, stoppen ihn und greifen ihrerseits an. Sitting Bull hält sich im Hintergrund und nimmt die Soldaten mit seiner weitreichenden, mehrschüssigen Winchester unter Feuer. Es ist nicht Aufgabe der Häuptlinge, in vorderster Front zu kämpfen, sondern eher die oft sehr individualistischen Aktionen der Krieger nach Möglichkeit zu organisieren und zu koordinieren.

Als dann der Schrei ertönt, daß Crazy Horse mit seinen Oglala heranreitet, als die Adlerknochen-Pfeifen, die schrillen Anfeuerungsschreie der Frauen, die donnernden Hufe, das Gebrüll der Krieger zu einer wilden Kakophonie anschwillt, wissen die Indianer endgültig, daß sie an diesem Tag jeden Gegner besiegen werden.

Häuptling Two Moons von den Cheyenne beschreibt die Flucht von Major Renos Bataillon: »Die Ebene war voller Indianer. Soldaten und Sioux ritten durcheinander. Da waren Sioux, da Soldaten, dann noch mehr Sioux. Alle schossen nach Kräften. Die Luft war voll von Rauch und Staub. Es war wie eine flüchtende Büffelherde. Ich sah Soldaten Hals über Kopf in den Fluß stürzen.«

Die Sioux haben die Initiative übernommen, Reno herbe Verluste beigebracht und sein Bataillon in die Flucht geschlagen. Sitting Bull reitet über den Kampfplatz, der jetzt den Frauen und Knaben gehört. Sie töten die hilflos am Boden liegenden, verwundeten Soldaten, sie berauben sie ihrer Habseligkeiten, ihrer Kleider, zerschneiden und zerstückeln ihre Körper. Zwei Frauen finden Bloody Knifes Leichnam mit dem von einer Kugel zerschmetterten Schädel. Sie schneiden den Kopf ab, stecken ihn auf eine Stange und paradieren mit ihm durch das Camp.

Sie finden auch Isaiah Dorman, »Custer's Black White Man«, einen Schwarzen, der lange Zeit mit einer Hunkpapa-Frau verheiratet war und den die Sioux »The Teat« – die »Zitze« – nennen. Er hat der Seventh Cavalry als Dolmetscher gedient. Jetzt hat er einen Schuß in die Brust abbekommen und ist schwer verwundet.

Sitting Bull reitet zu ihm hin. Er befiehlt, den Mann am Leben zu lassen, und reicht ihm aus seinem Becher einen labenden Trunk Wasser. Dann folgt er den übrigen Hunkpapa in Richtung des sich zu den Hügeln hinziehenden Kampfes.

Währenddessen ergreift die Hunkpapa-Frau Eagle Robe ein herumliegendes Gewehr und tötet den Schwarzen. Andere Frauen sorgen dafür, daß er bei seinem Einzug in die Ewigen Jagdgründe nicht zu gut aussieht. Vielleicht versuchen sie auf diese Art und Weise, in ihren Augen noch offenstehende Rechnungen auszugleichen.

Inzwischen ist der Kampf um Renos letzte Rückzugsposition entbrannt. Sitting Bull nimmt nicht direkt daran teil, er gibt vielmehr die Anweisung, diese bereits geschlagene Truppe in Ruhe zu lassen und sich statt dessen der sich von Norden her nähernden Gefahr, Custers Abteilung, entgegenzuwerfen. Er selbst ruft die im Camp verbliebenen Häuptlinge zu einem kurzen Council zusammen, um sicherzugehen, daß die Frauen und Kinder nicht von einer bis jetzt unentdeckten Abteilung der Langmesser überfallen werden können. Sitting Bull organisiert und beteiligt sich an ihrem Schutz.

Von seinem Standort kann er klar sehen, wie sich Custers Endkampf entwickelt.

White Bull berichtet, wie die Soldaten ihre letzte Verteidigung organisieren. Drei der fünf Kompanien sitzen ab, nehmen Gefechtsposition ein und halten mit ihrem Feuer die von Süden her angreifenden Indianer eine Zeitlang auf.

Dann prescht White Bull allein direkt auf die Schützenlinie der Soldaten zu, feuert seine Büchse ab, wirft sein Pony herum und kehrt unverletzt zurück. Danach schließt er sich einer Gruppe von Kriegern an, die sich in den Rücken der Soldaten vorarbeitet, sie von dort angreift und ihre Pferde wegtreibt.

Häuptling Gall, der die vorentscheidende Attacke reitet, beschreibt die Aktion wie folgt: »Die Langmesser kämpften als Fußsoldaten. Ein Mann hielt die Pferde, während die anderen feuerten. Wir versuchten, die Pferdehalter zu töten. Dann wirbelten wir unsere Decken in

Häuptling Gall

der Luft herum, feuerten, um die Pferde in Panik zu versetzen. Wir jagten sie eine Geländefurche hinunter, wo die Cheyenne-Frauen sie einfingen.«

In den Satteltaschen steckt die Munition, die die Sioux für die erbeuteten Karabiner brauchen. Danach geht unter den Blauröcken offenbar jeder taktische Zusammenhalt verloren.

Eine zusehende Oglala-Frau erzählt: »Unsere Krieger verhielten sich wie auf der Jagd, wo sie eine Büffelherde in eine günstige Position bringen, um sie leichter abschlachten zu können.«

So scheint es tatsächlich gewesen zu sein. In ihrer Todesangst drängen sich die Blauröcke in Gruppen zusammen – in Gruppen, die untereinander den Kontakt verloren haben. Um so leichter und eher fallen sie eine nach der anderen den jetzt siegessicheren Hunkpapa zum Opfer. Als dann auch noch Crazy Horse mit seinen Oglala auftaucht, ist das Schicksal von Custer und seinen Männern endgültig besiegelt.

Crazy Horse und White Bull glauben, daß die Zeit für ein risikoreiches, aber vollkommen unnötiges Bravourstück gekommen ist. Eher an ihren Ponys hängend als auf ihnen sitzend, preschen sie mitten durch die Gruppen der letzten noch kämpfenden Soldaten. Die Soldaten beschießen die beiden, treffen aber nicht. Eine Abteilung nachstoßender Sioux bricht die letzte, schon brüchige Phalanx um Oberstleutnant Custer endgültig auf.

He Dog berichtet: »Crazy Horse' Attacke teilte die Soldaten in zwei Blöcke. Die am südlichen Ende der Hügelkuppe fochten am Ende allein oder in kleinen Gruppen, bis sie fielen. Andere versuchten zu fliehen, und viele von ihnen wurden niedergeschossen. Hundert Soldaten konzentrierten sich zu ihrem letzten Kampf auf der Nordseite der Hügelkuppe.«

40 oder 50 von ihnen versuchen einen verzweifelten Ausbruch durch eine Furche im Hang in Richtung des Little Bighorn River. Vergeblich. Einer nach dem anderen wird niedergemacht.

Nicht besser geht es dem oben auf dem Hügel verbliebenen Rest der Truppe. Er fällt in einem letzten, verzweifelten Kampf Mann gegen Mann. »Sioux und Langmesser standen sich so nahe gegenüber, daß sie sich gegenseitig in die Augen sehen konnten«, erzählt der Miniconjou Lights.

Danach ist es vorbei. Während die Krieger Schweiß und Blut wegwischen, erscheinen Frauen und halbwüchsige Knaben auf dem Schlachtfeld, um die toten Soldaten auszuplündern und ihrer Kleider, Waffen und ihres sonstigen Besitzes zu berauben. Einige wenige der Leichen werden geschändet, doch der Großteil wird nicht einmal skalpiert.

Bad Soup, ein Hunkpapa, der sich öfter unter den weißen Soldaten aufgehalten hat, zeigt White Bull eine der Leichen und sagt: »Das ist Long Hair. Er ist der größte Mann der Welt, und jetzt liegt er hier.«

White Bull zieht zweien der toten Soldaten die Hosen aus. Auf dem Rückweg in das Camp tränkt er sein Pony im Fluß und wäscht dabei die Hosen aus, um sie seinem Vater zum Geschenk zu machen. Nahebei steht ein anderer Krieger, der ebenfalls ein Pferd tränkt. Es ist der Santee Noisy Walker. Als junger Mann hat er an der Seite seines Vaters Inpaduta, einem Anführer des Aufstandes, an der Minnesota-Rebellion teilgenommen und seitdem unter den Lakota gelebt.

White Bull betrachtet anerkennend den schönen Fuchs und fragt: »Glaubst du, daß er in Ordnung ist?«

»Ich weiß, daß es ein gutes Pferd ist, es ist Long Hairs Pferd«, antwortet der Dakota.

Die große Schlacht am Little Bighorn oder Greasy Grass, wie sie die Indianer nennen, hat ein Ende gefunden. Ein paar Krieger beschäftigen sich noch mit den auf ihrem Hügel verschanzten Truppen Renos und Benteens.

»Laßt die noch Lebenden laufen. Sie werden unter den Ihrigen die schlimme Nachricht verbreiten. Es werden noch mehr Soldaten kommen«, fordert Sitting Bull.

Die Sieger zelebrieren die ganze Nacht über ihre Tänze rund um die hochlodernden Feuer. Obwohl sich seine Prophezeihung erfüllt hat, rät Sitting Bull zur Mäßigung. »Ich bin traurig über die Toten auf beiden Seiten«, sagt er, »aber wenn wir Indianer zum Kampf gezwungen werden, dann müssen wir kämpfen.«

Er versucht, das weitere Ausplündern der toten Gegner, die Schändung ihrer Leichen zu verhindern. Er sagt seinen Leuten, sie sollten ihre Herzen nicht an die Güter der Weißen verschwenden, denn das würde Unglück nach sich ziehen. Wenn man ihm nicht gehorche, werde es soweit kommen, daß die Sioux verrückt nach den Gütern der Weißen würden – eine Befürchtung, die sich bewahrheiten und Sitting Bull bis zu seinem Todestag verfolgen sollte.

Auch die Indianer haben Verluste zu beklagen. Kill Eagle berichtet: »Sie kamen mit den Verwundeten in das Camp zurück. Sie lagen über den Pferderücken mit nach unten hängenden Köpfen, und das Blut strömte aus ihren Wunden.«

Wie viele Krieger die Indianer letztlich verloren, ist unbekannt. Unbeteiligte schätzen, daß es sich nicht mehr als um 40 Tote sowie eine nicht zu kalkulierende Zahl von Verwundeten handelt.

Die »unbesiegbare« Seventh Cavalry hat 263 Gefallene und 60 Verwundete zu beklagen, dazu die zahlenmäßig unbekannten Verluste unter den indianischen Hilfstruppen. Damit ist ihre Kriegsstärke um die Hälfte zusammengeschmolzen.

Doch die siegreichen Indianer finden keine Ruhe. Vom Norden her nähern sich andere Blauröcke. Es sind Terrys und Gibbons Infanterie-Kolonnen. Da die Sioux und Cheyenne den Blauröcken Custers Regiment und damit den »Hammer« aus der Hand gewunden haben, bleibt auch der »Amboß« wirkungslos. Die Rothäute brechen ihre Zelte ab, ziehen davon und teilen sich unter dem weiten Himmel des Westens in viele einzelne Gruppen auf.

Lange danach berichtet der Cheyenne Wooden Leg über Sitting Bulls Rolle während der Schlacht am Little Bighorn: »Ich schäme mich nicht, ein Anhänger Sitting Bulls gewesen zu sein. Ich stimme nicht damit überein, wenn jemand sagt, er sei kein tapferer Mann gewesen. Er war ein kluger und ein guter Kopf. Er besaß ein starkes und großzügiges Herz. Zu seinen Zeiten habe ich von niemandem gehört, der anders über ihn gesprochen hätte. Wenn irgend jemand danach etwas anderes über ihn sagt, dann ist das die Folge von Lügen und Einflüsterungen von weißen Agenten und Soldaten, die – indem sie versuchen, ihn kleiner zu machen, als er war –, sich selbst herausheben wollen.«

Die Rache der Langmesser

Der Schrei nach Rache für Little Bighorn hallt von Küste zu Küste. US-Regierung und Congress sind bereit, jede Aktion zu sanktionieren, die den Sioux die unglaubliche Untat, eine Eliteeinheit wie die Seventh Cavalry vernichtend geschlagen zu haben, heimzuzahlen verspricht. Ganze Heere von Freiwilligen melden sich, um gegen die aufrührerischen Indianer in den Krieg zu ziehen. Man sucht Schuldige und findet sie in Reno und Benteen, die angeblich aus Gründen ihrer persönlichen Antipathie Custer nicht zur Hilfe geeilt waren.

Für die Indianer sind zwar Krieg und Kampf eine aufregende Facette ihres Daseins, andererseits sind es jedoch die Büffelherden und deren Wanderungen, um die sich ihr Tun und Lassen dreht, drehen muß. Von ihnen hängt ihre Freiheit, ihre Existenz überhaupt ab. In Krieg oder Frieden haben sie keine andere Wahl – ihren Wanderungen müssen sie folgen.

Eine Krieger- und Menschenkonzentration wie am Little Bighorn läßt sich allenfalls über ein paar Tage durchhalten. Dann sind die Vorräte aufgebraucht, ist das in der näheren Umgebung lebende Wild weggeschossen, die Prärie von den Ponyherden abgegrast. Dann muß man weiter, muß sich auffächern, andere Jagd- und Weidegründe suchen.

Sitting Bull führt seine Hunkpapa in Richtung der Killdeer Mountains am Little Missouri, Crazy Horse zieht mit den Oglala in Richtung der Black Hills.

Mitte August treffen die Generale Terry und Crook am mittleren Rosebud zusammen. Die beiden hohen Offiziere befehligen inzwischen eine beeindruckende Streitmacht von etwa 4 000 Mann. Für die Army ist es im Gegensatz zu den Sioux ein Fall für die Logistik eines Feldzuges, die Verluste wettzumachen, Nachschub heranzuführen. Die Indianer haben zwar eine Schlacht, aber keineswegs den Krieg gewonnen.

Diesmal kommt das Wetter den Sioux zur Hilfe. Im strömenden Regen bleiben die Planwagen des Trosses im Schlamm stecken, die Infanterie kommt nur noch mühsam vorwärts. Die Rationen müssen reduziert werden. Die Ansichten der beiden Befehlshaber Crook und Terry über die Fortführung des Feldzuges gehen so sehr auseinander, daß sich Crook mit seinen Truppen absetzt und Anfang September in Richtung der Black Hills marschiert. Er sieht seine wichtigste Aufgabe jetzt nicht mehr darin, die Indianer zu vernichten, sondern seine Truppen zu verpflegen. Er hofft, in den inzwischen entstandenen Bergwerkstädten der Black Hills Nachschub requirieren zu können.

Es ist reiner Zufall, daß Crook bei seinen Operationen in der Nähe der Slim Buttes auf ein Camp der Oglala, Sans Arc und Miniconjou stößt. Auch Sitting Bull hat sich mit seinen Hunkpapa hier eingefunden. Der Häuptling beweint eines seiner Kinder, das unter den Hufen eines Ponys den Tod gefunden hat.

Die Soldaten dringen in das Lager ein. Die Sioux fliehen in die Hügel der Umgebung. Sie beschießen die Blauröcke und fügen ihnen Verluste zu. Die Soldaten verbrennen das Lager. Doch beide Seiten scheinen an einem Kampf auf Leben und Tod nicht interessiert. Die Soldaten sind hungrig, müde, abgekämpft und ziehen bald ab.

Auch die Indianer haben nicht mehr das Herz zu einer größeren Initiative.

Trotzdem: Sowohl die Bürokraten des Bureau of Indian Affairs als auch die Militärs im Kriegsministerium sind mehr denn je entschlossen, das »Indianer-Problem« zu lösen. Die abgeschlossenen Verträge, die Bestand haben sollen, »solange die Flüsse fließen und das Gras wächst«, werden einmal mehr geändert, beschnitten, anders interpretiert, den neuen Verhältnissen angepaßt und was man sonst noch alles vorbringt, um das Ziel zu erreichen, den Lebensraum der Indianer einzuschränken und den der Weißen zu erweitern.

Die Black Hills, de facto ohnehin von den Weißen überrannt und okkupiert, sind aus dem Sioux-Reservat herausgetrennt worden. Die bislang »nicht abgetretenen Territorien« werden nach ein paar juristisch-bürokratischen Schachzügen als von den Indianern »abgetreten« bezeichnet. Die noch freischweifenden Sioux unter Crazy Horse und Sitting Bull werden damit endgültig zu Outlaws und zur bedingungslosen Übergabe aufgefordert.

Da sie dem nicht nachkommen, plant der Oberbefehlshaber des Missouri Departments, General Sheridan, den »totalen Krieg« gegen die letzten noch freien Sioux. Seine Taktik soll darin bestehen, innerhalb des Lebensraumes der einzigen noch existierenden großen Büffelherde der nördlichen Prärien ein Netz von Forts zu errichten. Von ihnen aus sollen die Indianer so lange bekämpft werden, bis sie vernichtet oder übergabebereit sind.

Zusätzlich beabsichtigt der General, die militärische Kontrolle über die Indianer-Agenturen zu übernehmen und alle hier freiwillig oder unter Zwang eintreffenden »feindlichen« Indianer sofort zu entwaffnen, ihnen ihre Ponys abzunehmen und sie soweit zu kontrollieren, daß jeder Ausbruchsversuch im Keim erstickt werden kann.

Der erste Schritt besteht darin, die sich bereits im Reservat aufhaltenden Sioux zu entwaffnen. General Terry übernimmt diese Aufgabe in der Standing Rock und Cheyenne River Agentur; General Crook verfährt gleichermaßen mit den sich seit Jahren in der sogenannten Red Cloud Agentur friedlich verhaltenden Indianern.

Da der Bau der Forts frühestens im Sommer 1877 begonnen werden kann, gibt General Sheridan den Befehl, während des Winters – also dann, wenn die Indianer am ehesten verwundbar sind – vor allem gegen Sitting Bull und seine Anhänger vorzugehen.

Sitting Bull hat sich einmal mehr von Crazy Horse getrennt und ist auf der ewigen Suche nach Büffeln nach Norden, zum Yellowstone River gezogen. Am 10. Oktober durchqueren die Hunkpapa den Fluß und stoßen auf eine riesige Herde ihrer wichtigsten Jagdbeute. Aber da sind ihnen auch schon die Soldaten einer Infanterie-Abteilung unter dem Befehl von Colonel Nelson A. Miles auf den Fersen.

Am 11. Oktober fallen die Sioux über eine Nachschub-Kolonne her, treiben einen Teil der Pferde und Maultiere weg und zwingen sie zur Umkehr.

Danach bricht ein weiterer Zug mit über 80 Wagen und einer starken Infanterie-Bedeckung auf. Die Indianer versuchen, auch ihn aufzuhalten, doch gegen die weitreichenden, mehrschüssigen Karabiner der Soldaten und deren Geschütze haben sie in dem offenen Gelände keine Chance.

Umgekehrt be- oder verhindern die Blauröcke die lebenswichtigen jagdlichen Operationen der Anhänger Sitting Bulls. Dabei steht der mörderisch harte Winter der nördlichen Prärien unmittelbar vor der Tür.

Sitting Bull läßt sich widerstrebend zu Verhandlungen mit dem Kommandeur der Truppen, Colonel Miles, überreden. Bei diesem Gespräch trägt der Offizier, ein weiterer hemmungsloser Ehrgeizling, einen mit Bärenfell besetzten Mantel, der ihm prompt den indianischen Namen »Bear Coat« einbringt.

Nach den üblichen Präliminarien verlangt Colonel Miles von Sitting Bull die bedingungslose Übergabe. Sitting Bull verlangt seinerseits von Bear Coat nichts weniger, als abzuziehen und die Büffeljagd nicht weiter zu behindern.

Die Gespräche werden ergebnislos abgebrochen.

In der Nacht überlegen beide Seiten, die andere anzugreifen, doch dann siegt die Vernunft, und man kommt zu einer neuen Verhandlungsrunde zusammen. Doch auch sie bleibt ergebnislos. Sitting Bull und Colonel Miles kehren zu ihren Kriegern zurück.

Bemerkenswert ist Colonel Miles' Beschreibung der Persönlichkeit Sitting Bulls und der Stimmung unter den Sioux: »Er ist anscheinend 45 bis 50 Jahre alt. Sein Kopf ist eher breit, mit stark ausgeprägten Zügen. Er besitzt offenbar großen Einfluß und handelt überlegt. Als Krieger spielt er wahrscheinlich seine größte Stärke aus. Ich glaube aber auch, daß er selbst den Eindruck hat, daß seine Kraft ausgelaugt ist. Er machte einen niedergeschlagenen Eindruck, litt offenbar unter ständiger Anspannung, aber auch unter Machtverlust. Mitunter schien es, als wollte er der Lage Rechnung tragen. Doch, wie ich glaube, teilweise aus einer unbestimmten Angst heraus, teilweise aus einer Hoffnung, doch noch einmal das Blatt wenden zu können, akzeptierte er meine Bedingungen nicht. Ich habe aber den Eindruck, daß unter seinen Leuten viele sind, die Frieden machen wollen.«

Der folgende Angriff der Infanterie wird später als »The Battle of Cedar Creek« bezeichnet. Aber es passiert nicht viel: Die Indianer verlieren einen Krieger, die Infanterie hat zwei Verwundete zu beklagen. Colonel Miles hat jedoch seine Feuertaufe bestanden und kann dem Hauptquartier das Gefecht als seinen Erfolg verkaufen.

Die Indianer wenden sich nach Osten, Miles marschiert hinter ihnen her. Inzwischen ist es zu Meinungsverschiedenheiten zwischen Sitting Bull und seinen Hunkpapa auf der einen und den Miniconjou und Sans Arc auf der anderen Seite gekommen. Sitting Bull trennt sich mit 30 Tipis von seinen Verbündeten und schwenkt nach Norden ab.

Colonel Miles hat jetzt leichtes Spiel, die Häuptlinge der Sans Arc und Miniconjou zur Aufgabe zu überreden. Diese begeben sich als Geiseln in die Gewalt des Militärs, ihre Leute bleiben vorläufig frei.

Sitting Bull muß zwei bittere Erkenntnisse verarbeiten: Er weiß einerseits, daß die enge Verbindung der Hunkpapa mit den übrigen Sioux zerbrochen ist. Andererseits hat er aus den Verhandlungen mit Colonel Miles die Überzeugung gewonnen, daß die Blauröcke diesmal nicht wieder abziehen, sondern im Zentrum seiner Jagdgründe bleiben werden.

Sitting Bulls böse Vorahnungen bestätigen sich. Der Winter des Jahres 1876/77 wird zu einer barbarisch harten Prüfung. Statt irgendwo in einer geschützten Flußniederung die Tipis aufbauen und die während der Herbstjagd erbeutete und zu Pemmikan und Trockenfleisch hergerichtete Verpflegung in aller Ruhe vor den Feuern verzehren zu können, müssen die Hunkpapa immer damit rechnen, daß die Soldaten auftauchen, die Tipis unter Feuer nehmen und deren Insassen mit ihren jetzt schon vor

Hunger klapprigen Ponys hinaus in die eisige Prärie jagen, wo das Wild rar ist und sie schutzlos den heulenden Blizzards preisgegeben sind.

Die einzige Alternative besteht darin, sich bedingungslos zu ergeben, die Ponys und die Waffen abzuliefern und in die Langeweile und Unfreiheit des Reservatsdaseins einzutauchen.

Sitting Bull leidet unendlich unter dieser unerbittlichen und verzweifelten Konstellation. Er weiß, daß er sich auf die Dauer so nicht halten kann. Während der Kreis seiner Anhänger sich immer enger zieht und verringert, schiebt er eine Entscheidung vor sich her.

General »Three Stars« Crook leitet im November 1877 einen neuen Feldzug in das Powder-River-Gebiet in die Wege. Der General kann zu diesem Unternehmen erstmals eine kleine Söldner-Truppe von Oglala-Scouts anheuern. Es sind dieselben Oglala, die zuvor am Rosebud Creek unter Crazy Horse den Vormarsch der Blauröcke unter ebendiesem General Crook gestoppt haben.

Die Indianer sehen in einem solchen Verhalten keinesfalls Verrat. Kampf ist für die jungen Männer ein unabdingbarer Teil ihrer Lebensphilosophie. Wenn sie gut ausgerüstet sind und entsprechend verpflegt und bezahlt werden, im Verbund mit einer solch mächtigen Truppe ihrer Lieblingsbeschäftigung nachgehen können, dann macht es ihnen auch wenig aus, wenn sie gegen ihre eigenen Stammesbrüder ins Feld ziehen. Andererseits ist es aber auch ein erstes ernstes Zeichen, daß die gemeinsame Front der Lakota Sioux zu bröckeln beginnt.

Am 25. November überfällt eine Abteilung von Crooks Truppen unter Colonel Mackenzie ein Winterlager der Cheyenne im Canyon des Red Fork, eines Quellflusses des Powder River. Der Großteil der Cheyenne kann flüchten. Trotzdem verlieren sie etwa 30 Krieger. 700 Ponys fallen in die Hände der Blauröcke. 200 Tipis verbrennen und mit ihnen der gesamte übrige Besitz. Bei der Flucht erfrieren bei Temperaturen um die minus 30 Grad elf Kinder in den Armen ihrer Mütter.

Es ist ein schwerer, demoralisierender Schlag gegen die Verbündeten der Sioux. Das Martyrium des nagenden Hungers und der schneidenden Kälte dauert kaum erträgliche drei Wochen, bis die Cheyenne endlich in Crazy Horse' Lager Unterschlupf finden.

General Crook sieht trotz des »Erfolges« in dieser Art von Vernichtungsfeldzug keine Chance, endgültig mit den Indianern fertigzuwerden. Er berichtet: »Sie bewirkt nichts anderes, als die Rothäute gegen uns aufzubringen, sie durcheinanderzuwirbeln, sie in einzelne Gruppen aufzusplittern und in ständiger Bewegung zu halten.«

Statt dessen sieht er, obwohl Soldat, eher eine Chance in gemäßigter Politik: Er heuert »bereits befriedete« Indianer an, die sich unter ihre »feindlichen, wilden« Rassegenossen mischen und diese von den vermeintlichen Vorteilen des Reservatsdaseins überzeugen sollen.

Für die Militärs ist Sitting Bull inzwischen zur Symbolfigur und dämonischen Verkörperung des »Indianer-Problems« auf den nördlichen Prärien geworden. Man glaubt, daß vor allem er es ist, der den Widerstandswillen immer wieder neu entfacht und die »feindlichen« Indianer zu ihrem Beharren auf ihrer wilden, ungezügelten Lebensweise zu überzeugen vermag. Die amerikanische Öffentlichkeit ist der Ansicht, daß die Ausschaltung und Vernichtung Sitting Bulls gleichbedeutend ist mit der Lösung der Indianerfrage überhaupt.

Gleichzeitig versucht der Oberkommandierende, General Sheridan, das Ansehen seines »roten« Gegenspielers zu demontieren, und versteigt sich zu der Behauptung, Sitting Bull sei nichts weiter als ein böser Mythos für Aufruhr und Unbotmäßigkeit der Eingeborenen und in Wirklichkeit nicht mehr existent.

Doch der totgesagte Hunkpapa-Häuptling betreibt seine eigene Daseinspolitik, die immer mehr zur Überlebensstrategie wird. Er hat sich erneut mit etwa 30 Tipi-Gemeinschaften von den übrigen in der Nähe von Fort Peck versammelten Stammesgenossen abgesondert. Seine Leute und auch er selbst sind in einer sehr schlechten Verfassung. Die Menschen leiden bitteren Hunger. Die Mähren sind nichts weiter mehr als Haut und Knochen. Es gibt keinerlei Büffelfelle, die man gegen Lebensmittel eintauschen könnte. Es ist ein Dasein am Rande der Existenz.

Der Agent von Fort Peck bestätigt den vorgeschickten Kundschaftern die harten Bedingungen der Regierung: Sie bestehen im wesentlichen in der Niederlegung und Übergabe der Waffen, der Herausgabe der Ponys und in der Rückerstattung der am Little Bighorn erbeuteten Güter.

Nach langer und kontroverser Beratung nimmt der Council der versammelten Hunkpapa an. Sitting Bull hat sich nicht an den Beratungen beteiligt. Er will abwarten.

Als die Indianer jedoch noch am selben Abend erfahren, daß ein Flußschiff voller Blauröcke unter General »Bear Coat« Miles den Missouri hinaufdampft, brechen sie in aller Heimlichkeit ihre Tipis ab. Als am nächsten Morgen die Übergabe erfolgen soll, sind sie trotz ihrer prekären Lage längst in der Weite der Prärie verschwunden.

Ihrem Trail folgend, versuchen die Truppen, die Hunkpapa zu stellen. Es kommt zu dem üblichen Katz- und

Maus-Spiel am Red Water, einem südlichen Nebenfluß des Missouri. Als dann auch noch überraschendes Tauwetter einsetzt und die Eisdecke des Flusses bricht, scheint die Sache zugunsten der Indianer gelaufen zu sein.

Diesmal ändert Verrat die Situation: Johnny Broguier, ein weißer Outlaw, der zuvor im Camp Sitting Bulls Schutz und Unterschlupf gefunden hatte, verrät den Blauröcken die Lage des Hunkpapa-Camps. Die Langmesser nehmen prompt einige am Rande stehende Tipis unter Feuer, ziehen sich aber ängstlich zurück, als sie sehen, daß die Sioux im Gegenzug eine Falle aufgebaut haben. Die Niederlage von Little Bighorn zeigt Nachwirkungen auf die Moral der Truppe.

Die Indianer geben sich angesichts des üblichen Munitionsmangels damit zufrieden, dem abrückenden Feind ein paar Schüsse hinterherzufeuern.

Ein Wagenzug der kanadischen Slota-Händler enthebt sie wenigstens in dieser Hinsicht aller Nöte und Sorgen. Sitting Bull zieht sich trotzdem weiter zurück. Er will sich wieder mit Crazy Horse und dessen Oglala-Kriegern zusammentun, um »Bear Coat« Miles eine entsprechende Streitmacht entgegenstellen zu können.

Die Blauröcke formieren sich neu und nehmen die Verfolgung wieder auf. Sie lassen sich nicht abschütteln. Kaum glauben die Hunkpapa, im Lager der Oglala Ruhe und Sicherheit gefunden zu haben, da bringen die Soldaten ein Geschütz in Stellung und beginnen, das gemeinsame Camp zu beschießen. Die Sioux flüchten und müssen einmal mehr ihre ganze Habe zurücklassen. Lediglich die kostbare Munition können sie retten.

Es gelingt der Army nicht, die Sioux entscheidend zu schlagen oder auch nur zu stellen. Doch der Abnutzungskrieg zeigt Wirkung. Die Situation ist für die Indianer, die vollkommen von der Jagd abhängig sind und auf keinerlei Unterstützung und Nachschub zurückgreifen können, praktisch unhaltbar. Die Lakota begreifen, daß die Blauröcke in der für sie äußerst schwierigen Wintersaison nicht nur ihre Stützpunkte halten, sondern sie sogar angreifen können, wo auch immer sie sich hinwenden.

Das zwingt die Rothäute zu einem schrecklichen Zweifrontenkrieg gegen den erbarmungslosen Präriewinter wie auch gegen die auf ihre totale Vernichtung bedachte Soldateska, der es immer wieder gelingt, mit Hilfe indianischer Scouts ihre Zufluchtsorte aufzuspüren, Unterkünfte und Vorräte zu vernichten, sie gnadenlos dem Hunger und der barbarischen Kälte auszuliefern.

Der Druck auf Sitting Bull und seine Anhänger wird noch größer. Ein sich immer lautstärker zu Wort meldender Teil der Lakota hat genug von der ständigen Angst, der Not, der Entbehrung. Viele haben die Grenzen ihrer Widerstandskraft erreicht oder überschritten. Sie wollen – unter welchen Bedingungen auch immer – den Krieg mit den Blauröcken beenden.

Die übergabewilligen Häuptlinge begeben sich unter der weißen Parlamentär-Flagge in Richtung General Miles' Hauptquartier, werden aber von einer Abteilung von Crow-Scouts unter Feuer genommen. Einige von ihnen werden tödlich getroffen; der Rest flüchtet.

Es hilft General Miles überhaupt nichts, daß er vor Wut tobt und den Schuldigen mit dem Kriegsgericht droht. Die Sioux haben nach dieser neuerlich bitteren Erfahrung gar keine andere Wahl als die Fortsetzung des Kampfes. Auch Miles, der hofft, zumindest einen entscheidenden parlamentarischen Sieg erringen und das Kriegsbeil begraben zu können, muß seinem Auftrag nachkommen. Da er die Indianer nicht »befrieden« kann, muß er sie vernichten.

Crazy Horse versucht, einmal mehr eine Falle aufzubauen und die Blauröcke hineinzulocken. Doch die sind aus manch bitterer Erfahrung klug geworden, sie hören auf ihre Scouts und lassen sich nicht übertölpeln. Dann macht ein über Freund und Feind hereinbrechender, furchtbarer Blizzard jegliche Operationen unmöglich und beendet vorläufig alles Blutvergießen.

Die Häuptlinge müssen ihre Kräfte wieder einmal in kleine Gruppen aufteilen. Es ist kaum noch möglich, genug Vorratsreserven anzulegen, um eine größere Zahl von Kriegern auch nur mit dem Notwendigsten zu versorgen. Die Sioux sind erschöpft. Frauen und Kinder hungern.

Ein Krieger namens Red Horse faßt die Stimmung in Worte: »Ich will nicht dauernd nach Blauröcken Ausschau halten. Ich bin müde. Ich möchte meine Familie irgendwo hinbringen, wo sie in Sicherheit ist und nicht ständig dem Hunger, der Kälte und der Furcht vor einem Angriff ausgesetzt ist.«

Sitting Bull sieht ein, daß seine Leute diesem Druck nicht mehr lange standhalten werden. Aber der alte Fuchs hat nach langen Meditationen neben Übergabe oder Vernichtung eine dritte, überraschende Möglichkeit gefunden: Er beabsichtigt, sich mit den Seinen nach Norden abzusetzen, er will jene unsichtbare Linie überschreiten, die den Blauröcken Halt gebieten wird. Er gedenkt, sich unter den Schutz der »Gütigen Großmutter«, gemeint ist Queen Victoria von England, zu begeben und unter ihren Fittichen in Kanada das altgewohnte Leben in Freiheit fortzuführen.

Sitting Bull versammelt seine Leute und zieht mit ihnen nach Norden.

Crazy Horse dagegen erscheint gegen das Versprechen, daß er und seine Leute ein Reservat in den fetten Jagdgründen am Powder River erhalten werden, im September 1877 mit knapp 900 Oglala im Camp Robinson genannten Hauptquartier des Generals »Three Stars« Crook im heutigen Nebraska und übergibt den Behörden 117 Gewehre und eine riesige Herde von 12 000 Ponys. Der größte Krieger und den Weißen gefährlichster militärischer Stratege der »feindlichen« Indianer – von dem es weder ein gemaltes Bild noch eine Fotografie gibt – hat seine Waffen niedergelegt.

Bei seiner Ankunft sagt man Crazy Horse, es sei schon zu spät, den General zu sprechen. Ein blanker Hohn – statt dessen wird er von Captain Kennington und der Agentur-Polizei in Gewahrsam genommen.

Als Crazy Horse an einem vergitterten Fenster vorbeigeführt wird, sieht er gefangene Indianer, die wie wilde Tiere mit Eisenketten an den Füßen gefesselt sind. Er gerät in Panik, versucht, sich loszureißen und wegzulaufen.

Einer seiner früheren Kampfgefährten, Little Big Man, der jetzt auf der anderen Seite steht, hält ihn fest. Irgend jemand bellt ein Kommando, und der Private William Gentles rammt dem Oglala-Häuptling das Bajonett in den Leib. Crazy Horse stirbt noch am gleichen Abend, dem 5. September 1877.

Seine Leiche wird in eine Holzkiste gelegt. Sein Vater und seine Mutter begraben später sein Herz an einem nur ihnen bekannten Platz, den sie »Chankpi Opi Wahpala« und die Weißen Wounded Knee nennen.

Etwa zur gleichen Zeit dieser Tragödie überquert der unbeugsame »Staatsmann« und Rebell Sitting Bull die »chanku wakan«, die »heilige Grenze« nach Kanada, wo ihm und seinen Anhängern die harte Hand der Blauröcke nichts anhaben kann. Der Häuptling sagt später: »Wir dachten, jenseits von ›chanku wakan‹ sei alles anders und alles besser. Wir glaubten, wir seien vollkommen frei und könnten tun und lassen, was wir wollten. Auf der Seite, die wir hinter uns gelassen hatten, lauerten Tod und Gefahr.«

Die Sioux sind zwar, was Leib und Leben angeht, in Sicherheit. Doch frei im Sinne ihrer traditionellen Vorstellungen sind sie auch nicht im »Lande der Gütigen Großmutter«. Sie sind arm, abgerissen, abgekämpft, hungrig und müde. Die Pause, die ihnen gewährt wird, erscheint ihnen als großes Geschenk Wakan Tankas, des Großen Geistes.

Exil in Kanada

Glücklicherweise befinden sich im Zuge der Exilanten nur wenige der schwer zu kontrollierenden, hitzköpfigen jungen Krieger. Es handelt sich vielmehr um ältere, bedächtige Menschen, die froh sind über diese ihnen von Sitting Bull aufgezeigte Alternative. Als sie dann auch noch auf eine riesige Büffelherde stoßen und ihre Fleischtöpfe nach langer Zeit wieder füllen, sich Vorräte zulegen, die schäbigen Tipis reparieren und erneuern können, da breiten sich rasch Optimismus und neuer Lebenswille aus.

Sitting Bull weiß, daß er sich keineswegs in einem Niemandsland aufhält. Er weiß, daß auch die ferne Gütige Mutter – Queen Victoria – über eine kleine, aber renommierte Truppe verfügt, die die Vorstellungen der Weißen von Recht und Ordnung aufrechterhält. Es ist die erst ein paar Jahre zuvor aufgestellte Royal Northwest Mounted Police, die RNWMP oder spätere RCMP, eine rotberockte Polizeitruppe, die im Ruf steht, ihre kleine Zahl und geringe Feuerkraft durch faires, aber auch entschlossenes und mutiges Auftreten wettzumachen.

Was Sitting Bull nicht weiß, ist, daß sich diese winzige Armee von nur 300 Rotröcken über die riesigen, damals insgesamt »Northwest« genannten Territorien zwischen Pazifik im Westen, Ontario im Osten und der Beaufort See im Norden verteilt und es kaum einen Posten gibt, wo mehr als ein Dutzend dieser Männer stationiert ist. Das britische Dominion Kanada verfügt vor Ort über keinerlei militärische Mittel, sich gegen eine inzwischen auf

1000 Leute angewachsene, kampferprobte Kriegerschaft durchzusetzen, wie es die Sioux immer noch sind. Die Handvoll Rotröcke zeigt sich auch Sitting Bull und seinen Sioux gegenüber von ihrer besten Seite. Sie sind mutig und respektieren die Traditionen und den Stolz der Rothäute. Sie erwarten von der Gegenseite, daß man ihnen in derselben Art und Weise entgegenkommt. Ihr sicheres Auftreten findet bei den stolzen und unabhängigen Lakota Anklang.

Die erste Begegnung zwischen den Eindringlingen und der Ordnungsmacht findet am Pinto Horse Hill in der heutigen Provinz Saskatchewan statt. Es sind nur sieben Reiter, die sich dem Camp der tausendköpfigen Anhängerschaft Sitting Bulls nähern. Fünf von ihnen tragen die leuchtend roten Uniformröcke der RNWMP. Die beiden anderen sind Dolmetscher. Sie reiten unbeeindruckt – scheinbar ohne überhaupt von den Wachen Notiz zu nehmen – bis zum Rand des Camps, satteln ab und schlagen ihre eigenen Zelte auf.

Der Anführer der Patrouille ist Major James Walsh, später von den Sioux »Long Lance« genannt. Ohne eine Sekunde zu zögern, begibt sich der Offizier in Sitting Bulls Tipi. Der Häuptling beginnt langatmig und umständlich, die lange Litanei allen Unrechts aufzuzählen, das die Langmesser den Sioux in den letzten Jahren zugefügt haben. Major Walsh hört mit großer Geduld und Aufmerksamkeit zu. Dann ergreift er das Wort und erklärt, daß sich die Lakota jetzt im Land und unter dem Schutz der großen weißen Mutter befänden, deren Gesetze nicht zwischen Menschen weißer oder roter Hautfarbe unterscheiden. Jede Übertretung dieser Gesetze habe aber auch die sofortige und unnachsichtige Bestrafung zur Folge, ganz gleich, von wem sie begangen wor-

Major James Walsh

den sei. Das gelte auch für die Sioux. Sie besäßen nur eine Alternative: sich diesen Gesetzen zu unterwerfen oder mit sofortiger Vergeltung zu rechnen.

Walsh macht vor allem eines klar: Jeder Sioux, der sich südlich der »heiligen Grenze« des Diebstahls oder Totschlages schuldig macht, muß Kanada sofort verlassen und wird an die US-amerikanischen Behörden ausgeliefert.

Schon am nächsten Morgen zeigt sich, wie ernst Walsh seine Worte nimmt: Als der Lakota White Dog und zwei Assiniboine in das Camp hineinreiten und fünf Pferde am Zügel hinter sich herziehen, erkennen die RNWMP-Dolmetscher, daß drei der Ponys aus einem Diebstahl stammen. Walsh ordnet sofort an, daß die drei Diebe unter Arrest gestellt werden. White Dog erwartet dagegen, daß ihm die Sioux-Krieger zur Hilfe kommen. Unbeeindruckt von der Haltung der übrigen Lakota geht Walsh mit Fußfesseln in der Hand zu dem Hauptübeltäter White Dog. Der beeilt sich, eine für alle akzeptable Erklärung vorzubringen, indem er behauptet, er hätte die Pferde herrenlos in der Prärie grasend »gefunden«.

Walsh ist klug genug, diese Ausrede zu akzeptieren und die Tiere seinen Scouts zu übergeben, damit sie dem rechtmäßigen Eigentümer zurückgegeben werden können. Er warnt White Dog eindringlich, sich in Zukunft nicht mehr an fremdes Eigentum heranzuwagen, und läßt so lange nicht locker, bis der Lakota die Warnung zur Zufriedenheit des Dolmetschers und zum Zeichen, daß er sie auch wirklich verstanden hat, laut und für alle deutlich hörbar wiederholt.

Sitting Bull und die Seinen haben verstanden: Diese Rotröcke wachen über Recht und Ordnung und sind bereit, »law and order« furchtlos und unter Einsatz ihres Lebens durchzusetzen.

Major Walsh zeigt sich in der Folge als der ideale Counterpart Sitting Bulls: Er besitzt Courage, Temperament, zeigt Engagement und erweist gleichzeitig dem großen Häuptling seinen Respekt – eine Haltung, zu der später

Vertrauen, Sympathie und sogar Freundschaft hinzukommen sollen. Sitting Bull steht zum ersten Mal in seinem Leben einem Weißen gegenüber, dem er voll und ganz vertrauen kann.

Zu seiner Überraschung entdeckt der Häuptling, daß nicht nur Lug und Trug, Vernichtung oder Gefangenschaft unter den Bleichgesichtern das Maß aller Dinge sind, sondern daß es auch Toleranz und Verständnis gibt. Nach langen Jahren von Not, Tod und Bedrohung zeigt sich für die künftige Existenz der Lakota ein Hoffnungsschimmer am Horizont.

Gleichzeitig hat der Status Sitting Bulls innerhalb der Sioux-Gesellschaft gelitten. Er hat mit seiner Flucht nach Kanada einen Ausweg aus einem tödlichen Dilemma gefunden, doch seine Führungsrolle ist vor allem unter den jüngeren Kriegern nicht mehr unumstritten. Nur unter den Älteren genießt er nach wie vor Einfluß und Achtung. Dabei ist er ärmer als die meisten von ihnen – die unausweichliche Folge seiner Großzügigkeit und Hilfsbereitschaft.

Major Walsh gewährt den Sioux einen Vertrauensvorschuß, indem er ihnen erlaubt, eine begrenzte Menge von Pulver und Blei bei den Tradern einzukaufen. Die Munition ist für die Jagd und damit für die Versorgung der Menschen unerläßlich.

Auch der Handel entwickelt sich positiv. Der frankokanadische Händler Jean Louis Legare erweist sich als ein Mann mit viel Verständnis für die Sioux und versorgt sie nicht nur honorig, sondern gar überaus großzügig mit den inzwischen auch für sie unverzichtbar gewordenen Gütern des Weißen Mannes.

Für Sitting Bull und seine Leute ist dies ein weiteres gutes Omen für die Zukunft. Trotzdem gibt es Schwierigkeiten und Probleme genug. Wie üblich liegen sie in der Hitzköpfigkeit und dem Eigensinn der jungen Männer begründet. Nachdem ihre Existenz in relativer Freiheit und Sicherheit Bestand zu haben scheint, machen sie sich daran, ihre Kriegswaffen und Ponyherden wieder aufzustocken. Sie beginnen, die Raids gegen die alten Feinde, ob weiß oder rot, jenseits der Grenze wieder aufzunehmen. Dort aber wartet Sitting Bulls alter Antagonist »Bear Coat« Miles nur auf einen Vorwand, das Problem der »feindlichen Sioux« ein für allemal aus der Welt zu schaffen.

Der General hat nicht die geringsten Bedenken, gegen Völkerrecht zu verstoßen und die Grenze zu überschreiten, um den Sioux eine neue Lektion zu erteilen und, wenn irgendwie möglich, Sitting Bull in seine Gewalt zu bekommen. Doch die ihm vorgesetzten Militärs im Kriegsministerium untersagen ihm jegliche Operationen auf kanadischem Gebiet. Andererseits schreien die Übergriffe der Sioux geradezu nach Gegenmaßnahmen.

Auf der anderen Seite wollen die kanadischen Behörden die ungebetenen Gäste nur zu gerne wieder loswerden. Die Prärie des südlichen Saskatchewan ist alles andere als Niemandsland. Sowohl die Cree wie auch die Assiniboine betrachten sie als ihre ureigenen Jagdgründe. Die weiter westlich lebenden ungebärdigen Blackfoot lassen keine Gelegenheit ungenutzt, während ihrer Jagd- und Kriegszüge immer wieder in diesen Raum vorzustoßen. Die Büffelherden sind einem Druck ausgesetzt, dem sie keinesfalls standhalten können. Die delikate Balance zwischen ihren Regenerationsmöglichkeiten und dem vermehrten Abschuß durch inzwischen auch in diesen Raum vordringende Weiße, die halbblütigen Slota, die Sioux und die alteingesessenen Stämme ist nachhaltig gestört. Es ist voraussehbar, daß es in absehbarer Zeit zu einem rücksichtslosen Hauen und Stechen zwischen den eingeborenen Indianern, den eingewanderten Sioux, den Slota und den Weißen um die letzten dieser Urrinder kommen wird.

Die kanadische Regierung ist angesichts der fast unendlichen Entfernungen und der Wegelosigkeit dieser Wildnis beim besten Willen nicht in der Lage, die Masse der von der Büffeljagd abhängigen Indianer auf ihrem Territorium mit Rationen zu versorgen. Es ist für das junge, noch wenig bevölkerte Dominion lebenswichtig, gutnachbarliche Beziehungen zu den immer stärker und mächtiger werdenden USA zu unterhalten.

Noch vertritt der britische Außenminister die Interessen Kanadas. Er wird im Weißen Haus in Washington vorstellig und verlangt Maßnahmen, um den Sioux ohne Gewaltandrohung und mit all ihren Waffen und Pferden die freiwillige Rückkehr in ihre einstigen Jagdgründe südlich der Grenze zu ermöglichen.

Inzwischen sind 5000 Lakota dem Beispiel Sitting Bulls und seiner Anhänger gefolgt und haben die Grenze überschritten. Unter ihnen befinden sich an die 1000 kampferprobte und inzwischen wieder gut bewaffnete Krieger. Jeder Versuch der lächerlich kleinen RNWMP-Truppe, einen gewaltsamen Exodus in die Wege zu leiten, wäre aussichtslos und selbstmörderisch.

Wie in der Politik üblich, ernennt man eine Kommission, um den immer dicker werdenden gordischen Knoten zu lösen. Auf US-amerikanischer Seite wird General Terry neben seinen Beratern, auf der kanadischen der Superintendent der RNWMP, Oberstleutnant James F. McLeod, und auf indianischer Seite Sitting Bull benannt.

Die diplomatischen Bemühungen stehen unter einem schlechten Vorzeichen: Die Sioux betrachten es als eine

Beleidigung, ihrem alten Widersacher General Terry bei den Verhandlungen gegenüberzusitzen. Um ihrer Mißstimmung und Verachtung Ausdruck zu verleihen, verlangen sie ihrerseits die Benennung einer Squaw, die ebenfalls an dem Council teilnehmen soll.

Die US-Amerikaner nehmen auch den zweiten Affront Sitting Bulls hin: Der Häuptling verweigert General Terry den Handschlag, während er Superintendent McLeod herzlich begrüßt. Die Washingtoner Delegation verspricht den Sioux Saatgut, Zuchtvieh, Schulen, Geräte für den Ackerbau und dergleichen, besteht aber darauf, daß sie ihre Statussymbole, ihre Waffen und Ponys abgeben müssen.

Sitting Bull und die übrigen Mitglieder des Council zeigen ihren Usurpatoren die kalte Schulter: »Dieser Teil des Landes gehört euch nicht«, sagt Sitting Bull. »Euch gehört die andere Seite. Diese Seite des Graslandes gehört uns, den Sioux.« Der Häuptling erhebt sich und verläßt das Council-Zelt. Die übrigen Indianer folgen ihm.

Terrys Mission ist gescheitert. Vermutlich hat er das auch bewußt provoziert. Man hat gegenüber den Kanadiern den sogenannten guten Willen bewiesen, eine Show abgezogen. Man ist froh, Sitting Bull und seine rebellischen Sioux auf billige Art und Weise los zu sein.

In der Folgezeit geht die Dezimierung der letzten Büffelherden auf den kanadischen Prärien in beängstigender Form weiter. Aber man darf den Raubbau an dieser Ressource nicht allein den Weißen in die Schuhe schieben.

Diese mächtigen und existenzsichernden Tiere gelten bei den Indianern als »heilig«. Doch im Sinne ihrer spirituellen Vorstellungswelt ist nicht nur jegliches Lebewesen, sind nicht nur Tiere und Pflanzen, sind auch die Felsen, die Flüsse, die Ebenen, die Erde überhaupt Teil eines allumfassenden, nicht näher bestimmten göttlichen Wesens.

Die »Pte«, die Büffel spielen dabei die vielleicht wichtigste Rolle. Die Prärie-Indianer wissen durchaus, daß sie Sein oder Nichtsein bedeuten. Es hindert sie nicht, oft genug über die reine Notwendigkeit hinaus sich dieser Ressource zu bedienen. Solange es mehr als genug dieser Beutetiere gab, schnitten sie lediglich die Delikatessen heraus und überließen den großen Rest den Wölfen, Coyoten, Füchsen und den übrigen Aasfressern der Prärie. Die Delikatessen waren zum einen, wie bei den Weißen, die Zungen, zum anderen die zarten, ungeborenen Embryos in den Leibern der trächtigen Büffelkühe. Nur die weißen Trophäenjäger streckten die mächtigen, aber zähfleischigen Bullen nieder, während die Roten die schmackhafteren jungen Kühe und Kälber bevorzugten.

Das Massaker, das die Weißen in ihrer offenbar angeborenen destruktiven Effektivität unter den Büffeln und nicht nur unter dieser Tier-Spezies anrichteten, soll damit nicht verharmlost werden.

Es gibt ernstzunehmende Leute, die behaupten, daß es das Pferd war und die mit ihm verbundene größere Beweglichkeit, die Jagden erst ermöglichte, zu denen der Steinzeitmensch nicht in der Lage war. Jetzt konnte wesentlich leichter Beute gemacht werden – der Beginn der Vernichtung des amerikanischen Urrindes. Zudem traten die riesigen Herden der verwilderten Mustangs als Konsumenten und Konkurrenten im vorhandenen Nahrungsangebot auf.

Es waren die Weißen, die diese Entwicklung eingeleitet haben. Hätte es keine Pferde gegeben, hätten die Prärievölker sich nicht zu dieser einzigartigen Reiter- und Kriegerkultur aufgeschwungen. Dann wären die Eingeborenen Amerikas weiter gezwungen gewesen, mit dem Hund als einzigem Haustier und wenig wirksamen, steinzeitlichen Waffen die Büffel zu verfolgen. Es hätte keine Bevölkerungsexplosion unter den Prärie-Indianern gegeben, die wiederum eine Folge der besseren und erfolgreicheren Jagdmethoden war. Dann wäre die sensible Balance zwischen Wildbeuter und Beuteobjekt vielleicht auf ewig stabil geblieben. Dann hätte, dann wäre, dann würde ... Wo anfangen, wo aufhören?

Wie auch immer. Die Waage hatte sich zuungunsten der Büffel und damit der Indianer gesenkt. Die Pferde waren die Initialzündung ihres Untergangs, ihnen folgten die auch den Eingeborenen nach und nach zugänglichen Feuerwaffen, ihnen wiederum die weißen Fleischjäger, denen sich vergnügungssüchtige sogenannte »Sportsleute« anschlossen, die sich einen perversen Spaß daraus machten, die passiv grasenden Tiere einfach abzuknallen. Dann waren es die Trails der Pioniere, die breite Breschen in den Wildbestand schlugen, die Eisenbahnlinien, die einen noch größeren Blutzoll von den »unerschöpflichen« Herden forderten. Es dauerte nicht lange, und die Lederindustrie entdeckte die Felle als wichtige Rohstoffquelle; über die Händler arbeiteten auch die Indianer ihr indirekt zu. Nicht zuletzt war es die brutale Erkenntnis und die daraus abgeleitete Taktik der US Army, daß sich mit der Vernichtung der Büffelherden auch das Indianer-Problem automatisch lösen würde.

Mit der Zwangsläufigkeit und der Zerstörungskraft eines riesigen, sich langsam, aber unaufhaltsam vorwärtsbewegenden Bulldozers dämmert der Tag herauf, an dem sich die Assiniboine, die Cree und die Blackfoot der kanadischen Prärien mit erstauntem Entsetzen die Augen reiben und feststellen müssen, daß die Büffel bis auf ein paar kümmerliche Reste auch aus ihren Prärien verschwunden sind.

Doch es scheint weder dem Fischer noch dem Jäger gegeben, die Gründe für die Dezimierung der Beute rechtzeitig zu erkennen, die entsprechenden Konsequenzen zu ziehen und die eigene zerstörerische Tätigkeit einzustellen. Mächtige Urtriebe im Menschen verhindern offensichtlich solche auf der Hand liegenden Einsichten. Auch ein weitsichtiger und um die Wohlfahrt seiner Leute besorgter Mann wie Sitting Bull hebt lediglich die Hände zum Himmel und lamentiert: »Ich bin ein Jäger, und solange es Wild auf den Prärien gibt, werde ich jagen. Wenn die Büffel verschwunden sind, werde ich meine Kinder hinausschicken, um Mäuse zu fangen. Über mich wacht der Große Geist. Er wird nicht zulassen, daß ich Hungers sterbe. Wenn die Büffel ausgerottet sind, wird er für anderes Wild sorgen.«

Es sind die Worte eines in der Sammler- und Jägerkultur verhafteten Mannes, der (noch) nicht sieht, daß er unter den obwaltenden Umständen den gewiß schwierigen Schritt zur nächsten Kulturstufe, der des Züchters und Ackerbauers, zwangsläufig einmal vollziehen muß.

Die kanadischen Behörden stehen vor einem großen Dilemma. Die Verantwortlichen haben erkannt, daß es nicht mehr lange dauern kann, bis die Lebensgrundlage der im Bereich der Prärien lebenden Eingeborenen vernichtet ist. Zuvor wird es zwangsläufig zu blutigen Verteilungskämpfen um die letzten Bestände kommen. Andererseits besitzen sie in diesen wilden, unerschlossenen Territorien weder die Mittel, ein zahlreiches Volk wie die Sioux zu versorgen, noch die Indianer zwangsweise über die Südgrenze zurückzuschicken.

Da man im fernen Ottawa und im noch ferneren London ganz andere Sorgen hat – jede Regierung hat andere

Sorgen, wenn es um das Schicksal einer Minderheit geht –, wartet man erst mal die Entwicklung ab und hofft, die Zeit für sich arbeiten zu lassen. Schließlich existiert südlich der Cypress Hills noch eine relativ starke Büffelherde.

Da diese Büffel sich auf ihren Wanderungen keinesfalls an jene imaginäre, unbefestigte und lediglich auf der Landkarte existierende Linie halten, die Kanada von den USA trennt, halten sich die Sioux genausowenig daran wie ihre übrigen Rassegenossen. Auch Sitting Bull nimmt immer öfter an den Jagdzügen tief in das US-Territorium teil. Und weil nichts beständiger ist als eine gute, alte Feindschaft, geraten die Sioux einmal mehr mit ihren alten Gegnern, den inzwischen unter dem Schutz des US-Militärs stehenden, in Reservaten lebenden Crow aneinander. Es sind dieselben Crow, die seinerzeit General »Bear Coat« Miles auf seinem Feldzug gegen die Sioux als Scouts verpflichtet hatte.

Im Verlauf einer Schießerei zwischen den alten Kontrahenten am Milk River in Montana fordert der Crow Magpie Sitting Bull zum Zweikampf. Magpie, einer der bedeutenderen Kriegshäuptlinge, hat geprahlt, daß er den Hunkpapa mit eigenen Händen in die Ewigen Jagdgründe befördern würde.

Sitting Bull nimmt die Herausforderung an. Während Sioux und Crow zusehen, galoppieren die beiden Häuptlinge aufeinander zu. Magpie zügelt sein Pony, zielt – aber seine Winchester versagt. Dann schießt Sitting Bull. Die Kugel sprengt die halbe Schädeldecke des Gegners weg. Der Hunkpapa reitet zum toten Kontrahenten, springt aus dem Sattel und schneidet ihm den Rest des Skalps vom Kopf, besteigt das Pferd des toten Rivalen und reitet, sein eigenes hinter sich herführend, langsam zu seinen triumphierenden Sioux zurück.

Einmal mehr hat der alte Häuptling seine Unerschrokkenheit und die in den Augen seines Volkes nach wie vor existenten magischen Kräfte eindeutig demonstriert. Wie anders konnte es sein, daß die Waffe des Gegners im alles entscheidenden Augenblick so jämmerlich versagte?!

Doch als Tage danach »Bear Coat« Miles mit seinen Blauröcken, mit Feldgeschützen und Maschinenkanonen anrückt, da hilft alle Magie der Welt den Lakota nicht mehr. Sie müssen flüchten, und Miles kann wiederum einen großen Sieg für sich reklamieren.

Das Geschehen führt wieder allen Beteiligten ganz klar vor Augen, daß auf Dauer keine Macht der Welt die Sioux davon überzeugen kann, ihre Jagd- und Kriegszüge auf kanadisches Territorium zu beschränken. Solange es südlich der Grenze noch Büffel gibt, die man jagen, und Crow-Indianer, denen man die Pferde stehlen kann, werden sie immer wieder in US-Territorium einfallen.

Andererseits tun die Amerikaner, personifiziert durch Sitting Bulls alten Widersacher »Bear Coat« Miles, alles, um den exilierten Rothäuten den Einbruch oder gar die Rückkehr in ihre alten Jagdgründe am Powder River zu verleiden oder unmöglich zu machen.

Sitting Bull weiß, daß seine kanadische Existenz immer prekärer wird. Er versucht, eine rudimentäre Ordnung aufrechtzuerhalten und zumindest jegliche Übergriffe auf kanadisches Eigentum zu verhindern. Wenn das schon nicht möglich ist, will er Diebstahl unnachsichtig bestrafen. Das bedeutet andererseits, daß sich die gute, alte Tradition des Pferdediebstahls auf die Ponys der Crow südlich der Grenze zu beschränken hat. Daß sich lediglich der Schauplatz der Konflikte verlagert.

Es fällt vor allem den jungen Sioux naturgemäß sehr

schwer, die Hände von kanadischem Gut zu lassen. Sitting Bull und seine Akicita-Polizei nehmen in der Durchsetzung dieser Anweisung nicht einmal Rücksicht auf die eigenen Familienmitglieder. Sie genießen keinerlei Privilegien. Als Grey Eagle, Sitting Bulls Schwager, stolz mit einer 150köpfigen Ponyherde angeritten kommt, die er und seine Spießgesellen den Slotas abgenommen haben, ordnet Sitting Bull an, daß die Pferde nicht nur zurückgegeben, sondern die Übeltäter auch bestraft werden. Die Delinquenten werden von der Akicita-Polizei nackt ausgezogen, an Pflöcke gefesselt und für eine volle Woche den Torturen der Moskitoschwärme ausgesetzt. Wer die bestialische Aggressivität der kanadischen Moskitos kennt, der wünscht sich eher einen schnellen Tod, als sich wehr- und hilflos ihren Stichen ausgesetzt zu sehen.

Inzwischen schreibt man das Jahr 1880. Die kanadische Regierung beginnt, ihre Bemühungen zur Repatriierung der Sioux mit größerem Nachdruck zu betreiben. Als One Bull, Sitting Bulls Neffe und Adoptivsohn, dann auch noch ein Pferd des Händlers Legare stiehlt, kommt es zu einem Zusammenstoß zwischen Sitting Bull und seinem Gönner Major Walsh von der Royal Northwest Mounted Police.

Obwohl Walsh die Bestrafung des Übeltäters durchsetzt, scheint er seinen Oberen aufgrund seiner engen und persönlichen Beziehungen zu Sitting Bull als der ungeeignete Mann, die Politik der Exilierung der Sioux erfolgreich zu verfolgen. Der Major wird in das 140 Meilen weit entfernte Fort Qu'Apelle versetzt. Zu seinem Nachfolger wird Inspektor Crozier ernannt.

Drei Jahre lang hat Walsh mit Erfolg versucht, die oft gegenläufigen Interessen der Sioux und die der kanadischen Regierung in Einklang zu bringen. Die Rothäute haben ihn respektiert und ihm vertraut. Zwischen dem Major und dem Häuptling hat sich ein freundschaftliches Verhältnis entwickelt. Kein Weißer hat bis dahin bei den Lakota ein solch hohes Ansehen erreicht. Jetzt aber erscheint ein neuer Mann auf der Bildfläche. Er ist ein für Sitting Bull und seine Anhängerschaft unbeschriebenes Blatt.

Dem schlauen, erfahrenen Häuptling ist die grundsätzliche Tendenzwende nicht entgangen. Er streckt jetzt seinerseits seine Fühler nach Süden aus und schickt seinen Adoptivsohn One Bull, der seine Strafe verbüßt und den angerichteten Schaden kompensiert hat, zurück über die Grenze nach Fort Buford, um die Situation zu sondieren.

One Bull bringt schlechte Nachrichten zurück. Die US Army besteht auf ihrer ursprünglichen Forderung: Übergabe der Waffen und der Ponys. Ihre bekannten Gegenleistungen: freundschaftliche Behandlung, Verpflegungsrationen und Hilfestellung bei der schmerzhaften und fundamentalen Umfunktionierung der freischweifenden Jäger zu seßhaften Ackerbauern.

One Bull berichtet aber darüber hinaus, daß die Langmesser das Kriegsbeil endgültig begraben, daß fast alle übrigen Stämme sich dem Wandel zu einer neuen Lebensform unterzogen hätten.

Es werden viele Pfeifen geraucht, und nächtelang beraten die Ältesten und Häuptlinge an den Feuern. Sie wissen, daß ihre Tage in Freiheit auch in Kanada gezählt sind, sie einmal mehr keine Wahl haben – daß sich das wilde, freie Jäger- und Kriegerleben unter dem weiten Himmel der Prärie unwiderruflich seinem Ende zuneigt. Langsam bröckelt auch die Front der Standfesten. Nach und nach entschließen sie sich zu der Rückkehr in die USA und dem Einstieg in die neue, unbekannte Lebensform.

Aber Sitting Bull zögert noch. Auch wenn es ihn ganz besonders hart trifft, als Spotted Eagle von den Sans Arc, einer seiner zuverlässigsten Gefolgsleute, in Richtung der vorbereiteten Reservate südlich der Grenze aufbricht und ihm immer mehr Sioux seinem Beispiel folgen: Rain in the Face, Broad Trail, Little Hawk und viele, viele andere.

Der Druck auf Sitting Bull und die letzten mit ihm ausharrenden Traditionalisten wird stärker. »Ich bin ein Vogel auf einem Zaun. Ich weiß nicht, nach welcher Seite ich wegfliegen soll«, lamentiert der Häuptling.

Endlich, am 10. Dezember 1880, gibt auch er seine Zustimmung zur Rückkehr in die USA. Der vielleicht wichtigste Grund ist, daß inzwischen sein alter Widersacher »Bear Coat« Miles zum Brigadegeneral befördert worden ist und ein anderes Kommando erhalten hat.

Anfang Januar 1881 bewegt sich der Zug der Hunkpapa und letzten Oglala Sioux unter Sitting Bull und Crow King zögerlich und ohne Enthusiasmus, aber doch stetig nach Süden. Immer wieder unterbricht die Suche nach den letzten Büffeln den Marsch in Richtung Reservat und in eine düstere Zukunft.

US-amerikanische Kundschafter und Abgesandte versuchen den Vorgang zu beschleunigen, einen Ausbruch in letzter Minute zu verhindern. Aber die Sioux lassen sich Zeit, in den Augen der Militärs zu viel Zeit. Major Ilges läßt schließlich 300 Soldaten ausrücken, um die Indianer einzuschüchtern und mehr Momentum in den Zug nach Süden zu bringen. Prompt kommt es zu einem Schußwechsel. Als dann die amerikanischen Geschütze das Feuer eröffnen, geben die meisten Sioux auf. Nur Sitting Bull und 40 Familien ziehen in letzter Sekunde ihren Hals aus der Schlinge und kehren noch im Januar 1881 nach Kanada zurück.

Es ist kein Entkommen auf Dauer. Die Sioux sind einmal mehr hungrig, erschöpft, abgerissen. Am Himmel brauen sich düstere, dunkle Wolken zusammen. Es gibt kaum einen Hoffnungsschimmer. Von den Kanadiern ist nicht die geringste Hilfe zu erwarten. Die eisige Kälte zehrt die verbliebenen Kräfte auf, zerrt an den Nerven.

Im März 1881 verläßt Low Dog mit 125 Leuten Kanada, um sich in Fort Buford den Amerikanern zu ergeben. Mit Sitting Bull und seinen Anhängern befinden sich nur noch an die 300 Sioux in Kanada. Die wenigsten von ihnen sind vollwertige Krieger und Jäger. Die eingeborenen kanadischen Indianer stoßen bei ihren Überfällen kaum noch auf Gegenwehr.

Doch Sitting Bull hält noch aus. Sein Beharren basiert auf Trotz, vielleicht aber auch auf der Angst vor Ketten, Gefängnis, womöglich vor dem Galgen. Niemand kennt seine wirklichen Motive. Wahrscheinlich kennt er sie nicht einmal selbst ganz genau.

Der alte Häuptling versucht, mit seinem einstigen Freund Major Walsh Verbindung aufzunehmen. Doch der ist weit weg im Fort Qu'Apelle. Sitting Bull zieht darauf in die Nähe des Händlers Legare, dem er ebenfalls vertraut. Aber auch der Trader sieht keine andere Möglichkeit, als sich in den Gewahrsam der US Army nach Fort Buford zu begeben. Sitting Bull zeigt sich einsichtig, aber auch unentschlossen und spielt auf Zeitgewinn.

Anfang Mai schickt er einmal mehr eine Delegation mit Bull Head über die Grenze, um die Lage zu prüfen.

Als die Krieger zurückkehren und berichten, daß die alten Feinde ihnen einen Proviantwagen, Decken und Zelte zum Schutz gegen die Unbilden der Witterung entgegengeschickt haben und sogar Bull Head seinem Adoptivvater die Aufgabe des Widerstands empfiehlt, spielt der alte Häuptling seine vermeintlich letzte Karte aus: Mit den letzten noch in Kanada verbliebenen, meist älteren Leuten zieht er nach Fort Qu'Apelle, um sich mit seinem Vertrauten Major Walsh zu beraten. Doch die Führung der Royal Northwest Mounted Police ist dem Häuptling mit einem taktischen Schachzug zuvorgekommen und hat seinen Freund kurzfristig in den fernen Osten des Landes versetzt.

Not und Hunger zwingen die letzten standfesten Sioux zur Rückkehr in die Nähe des Postens des Händlers Legare. Aber auch dessen Mittel und Vorräte sind erschöpft. Der Trader kann nur noch eins tun – die Karren und Pferde für den Transport seiner roten Freunde nach Fort Buford in den USA organisieren.

Am 12. Juli 1881 verläßt der traurige Zug der letzten Sioux mit ihren wenigen Habseligkeiten den Handelsposten. Sitting Bull ist nicht unter ihnen. Auf Legares Veranlassung schickt die US Army dem Zug der Verlorenen einige Proviantwagen entgegen, um die erste Not zu lindern. Diese Geste bewegt endlich auch Sitting Bull, sich seinen einstigen Feinden zu stellen.

Die Army setzt sofort eine militärische Eskorte in Marsch. Man will verhindern, daß der alte Fuchs es sich in allerletzter Sekunde noch einmal anders überlegt und in der weiten Prärie verschwindet. Doch der hat sich endlich seinem Schicksal gefügt. Gegen Mittag des 19. Juli 1881 treffen die letzten, meist älteren Männer, Frauen und Kinder der einst Tausende zählenden Gefolgschaft von Sitting Bull in Fort Buford ein.

Captain Clifford hat die Eskorte angeführt. Er berichtet: »Der schiere Hunger und die nackte Not haben diesen Mann zur Aufgabe gezwungen. Er hat sich zu diesem Schritt nicht um seiner selbst willen entschlossen, sondern aus der tiefen Fürsorge für seine Kinder, denen er sehr zugetan ist.«

Am nächsten Morgen findet die offizielle Übergabe im Hauptquartier des Militärpostens statt. Anwesend sind der Kommandeur des Forts, Major David Brotherton, Captain Clifford, Captain McDonnel von der kanadischen RNWMP, zwei weitere US-Offiziere, ein Journalist aus St. Paul, ein Dolmetscher, weitere Militärs untergeordneter Ränge und Sitting Bull mit seinem sechsjährigen Sohn Crow Foot.

Zwischen den Füßen des Häuptlings liegt seine Winchester. Der Indianer macht eine müde Geste zu seinem Sohn hinüber. Der hebt das Gewehr auf und überreicht es ernst und wortlos Major Brotherton. Der Häuptling sagt tonlos: »Ich übergebe dieses Gewehr durch die Hände meines Sohnes. Ich will ihn so unterweisen, daß er ein Freund des Weißen Mannes werden soll. Ich wünsche, daß er dessen Sitten und Gebräuche lernt und so erzogen wird, wie die Weißen ihre Söhne erziehen. Ich möchte aber auch, daß er sich immer daran erinnert, daß ich der letzte meines Stammes war, der seine Waffen niederlegte. Der Junge hat sie euch übergeben. Und jetzt möchte ich von euch wissen, wie er sein Leben gestalten soll.«

Der bereits zitierte Sir William Francis Butler beschreibt die kanadische Szene nach dem Abzug der Sioux folgendermaßen: »Auf endlosem Raum erstrecken sich die gewaltigen Ebenen, die die Narben unzähliger Büffelspuren tragen – Spuren der riesigen Herden, die bis vor wenigen Jahren zwischen Assiniboine und Saskatchewan River weideten ... Das kurze, magere Gras ist übersät von Hunderttausenden von Tierskeletten, und da, wo ein Feuer die Erdoberfläche gänzlich nackt zurückgelassen hat, heben sich die ausgebleichten Rippen und Schädel der vor langer Zeit getöteten Büffel grellweiß von der schwarzverbrannten Prärie ab. Eine unbeschreibliche Schwermut geht vom Anblick dieses Landes im Nordwesten aus ... Nicht ein einziger Laut ist auf der Erde oder am Himmel zu hören; rundum liegen die Reste des großen Kampfes, den hier der Mensch gegen die Kreatur geführt hat; alles ist totenstill und verlassen – Indianer und Büffel sind hinfortgezogen, Siedler noch nicht gekommen ...«

Verbannung in der heimatlichen Prärie

Im Jahre 1870 zählt man noch im gesamten Datoka-Territorium nicht mehr als 5 000 Weiße. Ihnen stehen etwa 20 000 Lakota gegenüber. Zehn Jahre später leben in diesem Territorium immer noch 20 000 Lakota, doch die Zahl der Weißen ist auf das 24fache, auf 120 000 angestiegen, und es gibt keinerlei Anzeichen, daß die Schleusen geschlossen, daß die Flut der hereinströmenden Siedler gestoppt werden könnte. Die Sioux sind in ihrer ureigenen Domäne zur Minderheit geworden.

Statt der Büffel grasen jetzt riesige Rinderherden auf der inzwischen durch Stacheldrahtzäune parzellierten, einstmals freien Prärie. In den Black Hills sind Bergwerksstädte entstanden. Eisenbahnlinien wie die Chicago Northwestern durchschneiden das Land, und an der einst von Sitting Bull so energisch bekämpften Northern Pacific sind die Arbeiten wieder aufgenommen worden.

Nach dem Gold-Boom ist der Land-Boom über Dakota hereingebrochen. Eine Reihe feuchter Sommer schenkt der sonst knochentrockenen Kurzgras-Prärie eine unerwartete, wenn auch kurzlebige Fruchtbarkeit und macht sie auch für Farmer attraktiv.

Der von den »Langmessern« eingeleiteten Unterwerfung der eingeborenen Menschen ist die Unterwerfung des Landes gefolgt. Der einzigartigen Jäger- und Reiterkultur der Sioux und übrigen Prärie-Indianer ist damit die Basis entzogen worden.

Zögernd, großäugig wie ein Kind und doch vom tiefen Skeptizismus des weisen, reifen Mannes erfüllt, tastet sich Sitting Bull in die vom Weißen Mann beherrschte und umgestaltete Welt hinein und an deren sogenannte fortschrittliche Errungenschaften heran. Zum erstenmal in seinem Leben steht er ebenso beeindruckt wie furchtsam und zur sofortigen Flucht bereit vor einem der legendären schnaubenden und fauchenden Feuerrösser. Nach langem, vorsichtigen Zögern bittet der Häuptling den Lokomotivführer, ihm zu zeigen, mit welchen Mitteln er das stählerne Ungetüm seinem Willen unterwirft. Aber dessen Einladung anzunehmen und sich der Maschine anzuvertrauen, scheint ihm zu gefährlich. Da will er lieber ganz auf das Reiten verzichten und zu Fuß laufen, sagt der Häuptling kopfschüttelnd und geht weg, in tiefe, trübe und kontroverse Gedanken versunken.

Ähnlich konfus, besorgniserregend und faszinierend zugleich ist für ihn der Besuch in der Stadt Bismarck, wo »die Menschen nicht nur nebeneinander, sondern auch übereinander leben«. Der General Manager der Northern Pacific nutzt die Gesellschaft der Sioux-Häuptlinge als Public-Relations-Aktion und führt die Rothäute in der Stadt herum. Er zeigt ihnen das Sheridan House, das Merchants Hotel, eine Druckerei und lädt sie zu einem exquisiten Dinner ein. Nach den ersten teilweise beeindruckenden, teilweise schockierenden und beängstigenden Erfahrungen stellen die Indianer unzählige Fragen und drücken am Ende ihre größte Verwunderung darüber aus, daß nach dem eigentlichen Mahl zum Dessert Gefrorenes serviert wird. Howgh, Eis mitten im Sommer! Das grenzt an – nein, das ist schiere Zauberei!

Der kanadische Trader Gus Hendrich hat Sitting Bull gezeigt, wie man seinen Namen schreibt. Der Häuptling findet rasch heraus, daß diese merkwürdigen, verrückten Bleichgesichter bereit sind, für diese simple Tätigkeit gut

Sitting Bull

und teuer zu bezahlen. Er zieht prompt seinen Nutzen aus diesem Umstand.

Danach hat Sitting Bull Gelegenheit, sich an Bord des Missouri-Dampfschiffes »General Sherman« zu begeben. Erneut Wunder über Wunder! Das Schiff bringt ihn und seine Leute stromabwärts in die sogenannte Standing Rock Agency in der unmittelbaren Nähe des Militärstützpunktes Fort Yates, pikanterweise nach einem am Little Bighorn gefallenen Offizier benannt. Sitting Bull erhält die Erlaubnis, seine alten Freunde im Reservat zu besuchen, muß sich aber, um jeglichen Ansatz zur Rebellion auszuschließen, Abend für Abend wieder im Fort einfinden.

Trotz aller vorhergehenden Zusicherungen, die Hunkpapa in einem einzigen Reservat zusammenzuführen, beschließt die Militärbehörde, den Häuptling und seine direkte Anhängerschaft in dem noch weiter flußabwärts gelegenen Fort Randall zu internieren und als »Kriegsgefangene« zu behandeln. Sitting Bull und die übrigen Häuptlinge protestieren heftig; es kommt zu handgreiflichen Auseinandersetzungen, doch wieder ist eine einschüchternde Zahl von Soldaten zur Stelle, um jede Widersetzlichkeit im Keim zu ersticken. Sie zwingen die Lakota zum zweiten Mal an Bord der »General Sherman«.

Zwanzig lange Monate leben die einst freien Sioux wohlversorgt, aber unter strengster militärischer Bewachung in einem Zeltlager in der unmittelbaren Nähe des Stützpunktes. Für Sitting Bull sind es die zwanzig langweiligsten Monate seines Lebens und ein bitterer Vorgeschmack auf die spätere Eintönigkeit des Reservatsdaseins.

Nach und nach sieht aber auch Sitting Bull ein, daß der letzte verzweifelte Hoffnungsfunke auf ein Wiederaufleben des wilden, freien Daseins in der weiten, endlosen Prärie erloschen ist. In Zukunft würden die Rothäute »ihren Lebensinhalt in der Erdkrume suchen müssen«.

Es gibt nur wenig Abwechslung. Eine davon ist der deutsche Maler Rudolf Cronau, der im Lager auftaucht. Während ihm Sitting Bull Modell sitzt, versucht der Künstler, dem Indianer die deutsche Sprache näherzubringen und gleichzeitig selbst den Lakota-Dialekt zu erlernen - ohne Erfolg.

Inzwischen strecken die Religionsgemeinschaften der Weißen ihre Fühler in Richtung der »heidnischen« Lakota aus. Einige ihrer Kinder gelangen unter die Fittiche des Episcopal Bishop William Hare, der prompt versucht, die langhaarigen, ungewaschenen, ungebärdigen und fröhlichen jungen Wilden in saubere, kurzgeschorene, eingeschüchterte Christen zu verwandeln. Auch Sitting Bull schickt seinen Stiefsohn Little Soldier in die Missionsschule, »um ihn mit der Welt der Weißen vertraut zu machen«.

Ein anderer Vorfall verursacht weniger bei den Betroffenen als bei den zuschauenden Häuptlinge für nicht unbeträchtliche Verwunderung, Aufsehen und Amüsement. Kurz vor Weihnachten haben drei stark alkoholisierte Soldaten eine holzsammelnde, junge Sioux-Frau überfallen, in ein Gebüsch gezerrt und vergewaltigt. Kommandeur Andrews, dem der Vorfall zu Ohren gekommen ist, läßt darauf die gesamte Truppe antreten und das immer noch angstbebende Opfer der Gewalttat an der in Reih und Glied dastehenden Besatzung des Forts vorbeiführen. Die arme Frau wagt kaum, die Augen zu heben, deutet dann aber doch auf zwei der jungen Männer. Sie gehören zu den drei Übeltätern. Der dritte hat sich durch seine Desertation bereits der Militärgerichtsbarkeit entzogen. Andrews beweist dann aber soviel Takt, die Angelegenheit nicht vor ein ziviles Grenzergericht zu bringen, was für die geschundene Frau wahrscheinlich eine noch größere Tortur als die eigentliche Tat bedeutet hätte. Er begnügt sich damit, die beiden Kerle unehrenhaft aus der Armee auszustoßen.

Es ist nicht bekannt, was die Häuptlinge zu dieser Demonstration weißer Rechtsprechung untereinander zu sagen haben. Wahrscheinlich haben sie verwundert die Köpfe geschüttelt: Als es darum ging, die Sioux zu bekämpfen, hatten die Langmesser keinerlei Skrupel, auch Frauen und Kinder anzugreifen, zu töten, zu verbrennen, ihnen auch sonst jede Art von Gewalt anzutun oder dem Kälte- oder Hungertod auszusetzen. Die Verantwortlichen für jene Greueltaten wurden sogar dekoriert und honoriert. Jetzt aber, wo es darum geht, ein in den Augen der Sioux ganz normales Geschehen wie die sexuelle Unterwerfung einer Gefangenen an den Pranger zu stellen, da betreiben die weißen Häuptlinge einen solch unerhörten Aufwand und sprechen die harte Strafe der Verbannung aus! »Crazy white world« – was für eine verrückte weiße Welt!

Abgesehen von solchen Ereignissen tropfen die Tage und Wochen der Gefangenen wie zähklebrige Melasse dahin, bis endlich die auch von den Offizieren des Militärpostens unterstützten und formulierten Eingaben der Sioux Erfolg haben. Am 30. April 1883 gehen die 172 »Kriegsgefangenen« an Bord des Dampfers »Behan« und werden endlich in der Standing Rock Agency, wie ursprünglich versprochen, mit ihren Verwandten, Freunden und Bekannten zusammengeführt, um mit ihnen gemeinsam ein neues Leben beginnen zu können.

In der Standing Rock Agency muß sich Sitting Bull mit gänzlich neuen Lebensumständen und Daseinsformen auseinandersetzen. Bislang haben die Wanderungen und Aufenthaltsorte der Büffel alles Tun und Lassen, das Wohl und Wehe der Hunkpapa, der Sioux sowie der übrigen Prärie-Indianer bestimmt. Jetzt sind an die Stelle der gewaltigen Urrinder die oft unverständlichen Vorschriften der Weißen getreten. Sie schreiben die Gesetze, denen sich die vormals nur sich selbst verantwortlichen Rothäute auf Gedeih und Verderb unterwerfen müssen. Und sie nutzen diese Macht, sie spielen sie aus und dulden keinerlei Aufbegehren.

Aber Sitting Bull zieht keinesfalls als unterwürfiger, gebrochener Mann in das Reservat ein. Selbstbewußt formuliert er gegenüber dem Indianer-Agenten McLaughlin seine Ansprüche: »Ich bin hier der Häuptling. Meine auf die übrigen Agenturen verteilten Leute müssen ebenfalls hergebracht werden.«

Der Agent hält dagegen und bedeutet seinem »Schutzbefohlenen« unmißverständlich, daß er keinerlei Privilegien zu erwarten habe, sondern wie jeder andere Indianer behandelt werde und sich dem Reglement der Agentur zu unterwerfen habe.

Der Häuptling muß sich – wenn auch zähneknirschend – mit den Bleichgesichtern und ihren oft allen Lebenserfahrungen eines Prärie-Indianers widersprechenden Anordnungen arrangieren, will er auch weiterhin das Schicksal seiner Leute mitbestimmen. Es ist für ihn eine neue Form von höherer Gewalt, und sie ist personifiziert in der Person des Agenten James McLaughlin. Er ist einer der wenigen kompetenten Beamten des Bureau of Indian Affairs, aber er ist auch ein überzeugter Katholik und besitzt eine ausgeprägt paternalistische Attitüde.

Seine Philosophie, sein ganzes Tun und Trachten besteht darin, aus den unabhängigen und stolzen, unsteten und rebellischen Rauhreitern der Prärie demütige und seßhafte Landleute zu machen, die im Schweiße ihres Angesichts die Scholle umbrechen und ihr Brot verdienen sollen. Er glaubt, in wenigen Jahren den radikalen Umbau der Jäger- und Kriegerkultur dieses ungebärdigen Reitervolkes in die neue und gänzlich ungewohnte Daseinsform des Ackerbauern und Viehzüchters bewerkstelligen zu können.

Der Konflikt mit einem selbstbewußten Traditionalisten wie Sitting Bull ist vorgezeichnet und unausweichlich. Der Häuptling verlangt als erstes, daß alle vertraglich festgelegten Rationen ihm ausgehändigt und auch von ihm nach eigenem Gutdünken verteilt werden müssen. Er sieht überhaupt keinen Grund, sich Hals über Kopf in ein solch unbekanntes Abenteuer wie den Ackerbau zu stürzen. Er will sich mit dieser fremdartigen Kulturform erst einmal vertraut machen und dann – soweit er das Neue für gut oder zumindest annehmbar finden würde – frühestens im folgenden Jahr mit der Aussaat beginnen.

McLaughlin beschreibt den Charakter seines neuen »Schützlings« wie folgt: »Er ist aufgeblasen, anspruchsvoll, bösartig. Er hält sich für eine überaus bedeutsame Persönlichkeit, ist aber ein Obstruktionist.«

Der Aufenthalt in der fremden, von den Weißen dominierten Welt macht aus dem Saulus keineswegs im Handumdrehen einen Paulus. Sitting Bull faßt seine Erfahrungen so zusammen: »Die Bleichgesichter glauben den Boden umgraben zu müssen, um sich zu nähren. Mein Volk zieht es vor, die Büffel zu jagen, so wie es unsere Väter getan haben. Die Weißen glauben, immer am gleichen Ort bleiben zu müssen. Mein Volk zieht es vor, seine Tipis auf wechselnden Jagdgründen zu errichten. Das Leben der Bleichgesichter gleicht der Sklaverei. Sie sind die Gefangenen ihrer eigenen Städte, Dörfer und Farmen. Das Leben, das mein Volk schätzt, ist das Leben in Freiheit. Häuser, Eisenbahnen, Kleidung oder Nahrung – alles, was auch immer der Weiße Mann besitzen mag –, nichts ist so wertvoll wie das Recht, in der Freiheit der Prärie umherzuziehen und nach der gewohnten Art und Weise zu leben.«

Es dauert einige Zeit, dann hat Sitting Bull begriffen: Hier hat dieser Weiße das Sagen. Mißmutig fügt er sich und wartet auf seine Chance.

Die Frontstellung ist klar: Sitting Bull ist für McLaughlin die Personifizierung aller negativen Kräfte, die seiner Absicht, aus diesen ungebärdigen Heiden brave, christkatholische, ihrer Scholle und Kirche verbundene Landleute zu machen, mit aller Macht entgegenarbeiten.

Anders ist der pragmatische Häuptling Gall, einer der unerschrockenen Kämpfer und Anführer bei der entscheidenden Attacke am Little Bighorn. Er ist der gerissene Populist, er geht scheinbar auf McLaughlin ein, behält dabei aber immer den eigenen Vorteil im Auge. Gall soll sich in der Folge als der wichtigste Hebel des Agenten erweisen, Sitting Bulls Position im Reservat zu unterminieren.

Inzwischen verfolgt das Bureau of Indian Affairs in den Reservaten die Politik der »Inividualisierung der Eingeborenen«. Das bedeutet die Herauslösung der einzelnen Familien aus den traditionellen Stammesformationen. Man will ihnen ein Stück Land übereignen, sie mit den einzelnen Formen des Ackerbaus vertraut machen, um sie nach einer gewissen Zeitspanne zu guten Amerikanern, zu Patrioten mit Stolz und Hingabe für Gott, Fahne und Vaterland umzuformen. Nur mit dem in der

Verfassung verankerten »pursuit of happiness«, dem Recht auf das persönliche Glück, scheint man es nicht so genau zu nehmen.

Die Absicht ist klar: Alles, was einen Indianer von einem weißen Amerikaner unterscheidet, soll ausgelöscht und durch die sogenannten positiven Errungenschaften des amerikanischen Bürgertums ersetzt werden. Das bedeutet, daß nicht nur Farmen aufgebaut, sondern auch Schulen eingerichtet werden, daß die Missionierung eingeleitet, eine Polizeitruppe aufgestellt und eine Gerichtsbarkeit nach den amerikanischen Gesetzen installiert werden muß. Solche Errungenschaften wie die einzigartigen transportablen Tipis, wie die Pferde Symbole des ungezügelten Freiheitsdranges und der Indianerkultur überhaupt, haben zu verschwinden und festen Häusern Platz zu machen.

Verboten werden dementsprechend »heidnische« Veranstaltungen wie der »Sun Dance« beispielsweise, das

Sioux beim Tanz

rituelle Schwitzbad, die Pfeifenzeremonie, die Polygamie, der Brauch des Frauenkaufs, die althergebrachten Bestattungs- und Trauerriten. Die neue Lebensform beinhaltet zudem, daß Auseinandersetzungen nicht mehr mit der Waffe in der Hand ausgetragen werden dürfen.

Als der unbeugsame Traditionalist Sitting Bull mit dem allen Modernen aufgeschlossenen Shell King aneinandergerät und seinen Widersacher der Lächerlichkeit preisgibt, zieht der plötzlich sein Messer. Sitting Bull wehrt blitzschnell den Angriff mit seinem Tomahawk ab. Ein paar beherzte Beteiligte springen dazwischen.

Bei der unausweichlichen Gerichtsverhandlung ist, wie nicht anders zu erwarten, keine Klärung der Schuldfrage zu erreichen. Die beiden Waffen werden eingezogen, um die »Möglichkeit des weiteren Blutvergießens einzuschränken«. Doch dann schreitet zumindest in den Augen der Indianer eine höhere Macht ein und bestraft Shell King, der es gewagt hat, gegen den großen Häuptling das Messer zu ziehen. Kurz nach dem Vorfall tötet während eines Gewitters ein Blitz den »Frevler« auf der Stelle. Für alle Indianer ist das der unwiderlegbare Hinweis für die magischen Kräfte, über die Sitting Bull nach wie vor verfügt.

Darin liegt die Erklärung, weshalb der Häuptling und seine Hunkpapa auch im Reservat im wesentlichen zusammenbleiben. Sie siedeln sich in Grand River, rund 30 Meilen südlich der eigentlichen Agentur an. Merkwürdigerweise liegt in dieser Gegend der wahrscheinliche Geburtsort des Häuptlings. Der Kreis beginnt sich zu schließen.

Wie nicht anders zu erwarten, behält Sitting Bull seine beiden Frauen Four Robes und Seen by the Nation. Umgekehrt zeigt keine der beiden auch nur die geringste Neigung, den Häuptling zu verlassen.

Trotz aller Widersetzlichkeit gegenüber dem Agenten fügt sich der Häuptling in das Unvermeidliche und akzeptiert vordergründig die neuen materiellen Gegebenheiten. Er verfügt alsbald über ein Haus, eine kleine Herde von 20 Ponys, 45 Rinder, über 80 Hühner, über ein paar Felder, wo er Hafer, Kartoffeln, Mais und Bohnen anbaut. Doch jegliche Missionierungsversuche lehnt er kategorisch ab. Die Missionarin Mary von der kongregationistischen Kirche schreibt später: »Persönlich kamen wir gut miteinander aus. Aber Sitting Bull haßte das Christentum und war überaus glücklich, wenn er meine eben Bekehrten umgehend wieder dem alten Heidentum zuführen konnte, während ich weiter versuchte, seine ungläubigen Freunde zu bekehren.«

Sitting Bull wendet bei diesem Katz-und-Maus-Spiel um die Seelen keinerlei Gewalt an. Es heißt, daß er mit gewissen Teilbereichen des Christentums durchaus einverstanden ist, daß er sogar versucht, sie mit seinen eigenen religiösen Vorstellungen in Einklang zu bringen. Doch im Prinzip bleibt er bis zu seinem Ende ein Anhänger des traditionellen spirituellen Animismus der Lakota.

Wer glaubt, der Häuptling verkrieche sich wie ein verwundeter Bär in seine Behausung in Grand River, irrt. Er nimmt vielmehr jede sich bietende Gelegenheit wahr, sich tiefere und weitere Einblicke in die Welt der Weißen zu verschaffen. Schon zuvor hat er zu seiner Verwunderung festgestellt, daß die Bleichgesichter für solche Trivialitäten wie ein Autogramm harte Dollar bezahlen. Da die Sioux seit eh und je ein gesundes und positives Verhältnis zur Anhäufung von persönlichem Eigentum besitzen (wenn auch anders als bei den Weißen, nämlich, um es zu verschenken und dadurch an Prestige und Ansehen zu gewinnen), sieht der Häuptling nichts Negatives darin, seine Popularität in klingende Münze umzusetzen.

Obwohl er bei Little Bighorn und in anderen Kämpfen in erster Linie hinter den Kulissen agierte, gilt er unter den Weißen immer noch als der große Schlachtenlenker und Sieger über General Custer. Das macht ihn zu einer kontroversen, aber auch zu einer interessanten und exotischen Persönlichkeit. Es gibt mehr als genug weißhäutige Zeitgenossen, die nur zu gerne ihr eigenes Ego und ihr Umfeld durch eine Berühmtheit wie Sitting Bull aufzuwerten versuchen. Dieser Versuchung verfällt trotz aller Animositäten auch der Agent McLaughlin. Es gelingt ihm, den Häuptling davon zu überzeugen, daß eine Fahrt mit dem Feuerroß keineswegs ein Abenteuer auf Leben und Tod bedeutet.

Die Eisenbahn bringt den Agenten und seinen Schutzbefohlenen in die Stadt Bismarck. Dort reitet Sitting Bull an der Spitze einer großen Parade, mit der die Siedlung ihren neuen Status als Kapitale des Dakota-Territoriums feiert.

Auch auf einem späteren Trip in das noch größere St. Paul, Minnesota, begleitet ihn McLaughlin. Der Häuptling zeigt großes Interesse an all dem Unverständlichen, was er sieht; er genießt das Aufsehen und den Menschenauftrieb, den einzig und allein sein Erscheinen hervorruft. Das bestärkt ihn in seiner bereits früher geäußerten Ansicht, daß er und keineswegs der Indianer-Agent McLaughlin der eigentliche Chef der Standing Rock Agentur sei. Sitting Bull ist tief beeindruckt von der Welt des weißen Mannes, verliert aber weder seinen Skeptizismus noch den Boden der Tradition unter den Füßen.

Die mehr oder weniger zwangsläufige Folge von alledem ist, daß der inzwischen zum Zirkusunternehmer aufgestiegene, einstige Büffeljäger und Scout William Cody auf Sitting Bull aufmerksam wird und den Häuptling zusammen mit Grey Eagle, Flying By, Long Dog, Spotted Horn Bull und Crow Eagle zu einer Tournee einlädt.

Die erste Station ist New York City, wo sich Sitting Bull im Fransenhemd aus Büffelleder, mit Hermelinschwänzen und Stachelschweinborsten verzierten Leggings und mit in die Haare eingeflochtenen Nerz- und Otterfellen zur Schau stellen läßt. Bereits am ersten Tag finden sich an die 6 000 Menschen ein, um den Häuptling zu sehen und zu bestaunen.

Danach präsentiert Buffalo Bill Cody Sitting Bull und sein Gefolge zwei volle Wochen in wechselnden Theatern der Stadt.

Bei seiner Rückkehr wird der Hunkpapa von einem vorwitzigen Reporter nach seinen stärksten Eindrücken gefragt. Am besten hätten ihm die Tanzmädchen gefallen, erwidert der Alte schmunzelnd und führt dem überraschten Zeitungsmann recht kenntnisreich ein paar Schritte und Gesten vor, die er den sogenannten Schönheitstänzerinnen abgeschaut hat. Zweifelsohne haben die indianischen Würdenträger einen freien Abend zu einem ausgiebigen Zug durch das Nachtleben der Weltstadt genutzt. Doch dann wird der Indianer ernst und erklärt, letztendlich sei er des Lärmes und des Betriebes überdrüssig – und die Sehnsucht nach dem frischen Wind der freien Prärie sei übermächtig geworden.

Sitting Bull hat für die damaligen Verhältnisse eine ganze Menge Geld verdient. Doch er gibt es mit vollen Händen wieder aus. Er kauft seinen Freunden Geschenke, feiert mit ihnen große Gelage, gibt den Armen und Bedürftigen. Er gewinnt durch diese Gesten der Großzügigkeit weiter an Prestige.

Im Frühherbst des Jahres 1886 organisieren ein paar clevere Reporter für Sitting Bull und rund hundert weitere Hunkpapa-Veteranen von tausendundeiner Schlacht gegen die alten Erzfeinde, die Crow, eine Reise zu den inzwischen ebenfalls in Reservaten lebenden Rassegenossen nach Montana. Es wird ein denkwürdiges, wenn auch ganz und gar unblutiges Ereignis. Zwei Wochen lang trinken und schmausen und rauchen und erzählen die einstigen Gegner. Dabei werden die Geschichten immer wilder, die Heldentaten immer gewaltiger – und zum Schluß bleiben mehr imaginäre Leichen auf den Schlachtfeldern, als Amerika Einwohner hat. Sie prahlen, bis sich die Stützpfosten der Tipis biegen, und haben unendlichen Spaß bei alledem. Und ganz nebenbei begraben sie auf immer und ewige Zeiten ihre Kriegsbeile.

Doch die Realität des Daseins als quasi Internierte holt die Lakota immer wieder auf den harten Boden der Tatsachen zurück. Der sogenannte General Allotment Act von 1887 konzediert jeder Indianerfamilie in den heutigen Staaten der beiden Dakotas ein Patent für die Übereignung von rund 40 Hektar Land. Damit verbunden ist die Möglichkeit zum Erwerb der amerikanischen Staatsangehörigkeit und die Chance, weiteres Reservats- oder sonstwie freies Land zu erwerben. Voraussetzung dafür – so bestimmt die Regierung – soll sein, daß mindestens drei Viertel der erwachsenen männlichen Bevölkerung dieser Neuordnung zustimmen. Es ist eine Regelung, die einer landwirtschaftlich orientierten Bevölkerung durchaus gerecht werden könnte, doch nicht einem kaum dem Steinzeitalter entwachsenen nomadisierenden Jägervolk.

Sitting Bull opponiert sofort gegen diesen neuerlichen Eingriff: »Je weiter mein Volk von den Weißen entfernt lebt, um so besser ist es. Die Weißen sind bösartig und verschlagen. Ich möchte nicht, daß meine Frauen so werden wie die Frauen der Weißen. Ich habe gesehen, wie sie leben. Ich möchte, daß mein Volk Schulbildung erhält, daß die Menschen lesen und schreiben lernen. Ich möchte aber nicht, daß sie zu Weißen werden; deren Leben ist nicht gut. Ich selbst möchte lieber als Indianer sterben, als wie ein Weißer zu leben.«

Der alte Häuptling weiß, daß die neuen Regelungen dem indianischen Wesen nicht entsprechen. Andererseits gibt es keinen praktikablen Gegenvorschlag. Wie soll die Existenz der Sioux gesichert werden, nachdem mit den Büffelherden die Grundlage dafür verschwunden ist, nachdem die zuvor freie Prärie parzelliert und von Ranchern mit ihren Rindern bevölkert wird? Wie soll es möglich sein, die rote Urbevölkerung von den unwiderstehlich scheinenden Versuchungen des alles verschlingenden Mahlstroms des »american way of life« ab- oder auszugrenzen? Ein Problem, das der Quadratur des Kreises nicht unähnlich ist und bis in unsere Tage das Dasein der Indianer überschattet.

Andererseits hat das Reservatsdasein für die Sioux nicht nur schlechte Seiten. Die ständige Gefahr für Leib und Leben durch Überfälle der Langmesser oder verfeindeter Indianer ist gebannt. Die latente Bedrohung durch Hunger, Entbehrung, durch das mörderische Winterklima ist ebenfalls ausgeschaltet. Man lebt von den Rationen der Weißen zwar nicht wie die Made im Speck, doch die Tatsache, daß Menschen elendig verhungern oder erfrieren, gehört der Vergangenheit an.

Sitting Bulls Hausstand umfaßt im Jahre 1888 nach wie vor seine beiden Frauen und fünf halberwachsene Kinder, darunter zwei männliche Zwillingspaare und die Tochter Standing Holy.

Der Tochter und dem Sohn Crow Foot gilt die besondere Zuneigung des Häuptlings. »Crow Foot hielt sich ein wenig abseits von seinen Altersgenossen, er wurde viel zu früh erwachsen«, erzählt später ein Beobachter der Szene. Auch wenn es von einer gemütlichen Idylle weit entfernt ist: Das Leben in Grand River schien 1888 auf dem besten Wege, in ein geordnetes ländliches Dasein zu münden.

Eine kleine Abwechslung und bescheidene Reminiszenz an die unvergessenen Tage der wilden Büffeljagden ist der »killing day«, der Tag, an dem die Rindfleischration noch »auf dem Huf« verteilt wird. Die für das Schlachtfest ausgesuchten Rinder werden in einen Corral getrieben. Auf dem Zaun sind indianische Schützen postiert, die die Tiere nacheinander abschießen. Dann werden die Frauen eingelassen und dürfen die »Beute« zerwirken. Beim Anbruch der Nacht lodern die Feuer, alle essen, trinken und sind guter Dinge. Es ist – fast – wie in den guten alten Zeiten. Nur die Lehrer und Missionare wenden sich anläßlich dieses »Ausbruchs von roher, ungezügelter Wildheit« mit dem Ausdruck des Entsetzens ab.

Trotz aller Gegenbemühungen Sitting Bulls wird die neue Landverteilung, die grundsätzlich die angestammten Rechte der Sioux weiter beschneidet, mit der erforderlichen Anzahl der Stimmen durchgesetzt – auch wenn kein Mensch so recht nachvollziehen kann, wie die erforderliche Mehrheit zusammengekommen sein mag. Einmal mehr hat sich die Zuckerbrot-und-Peitschen-Politik der weißen Regierung behauptet.

General Crook, der alte Widersacher der Sioux aus den Tagen von Rosebud Creek, hat die Verhandlungen geführt. Als er kurz danach stirbt, bemerkt Häuptling Red Cloud voller Resignation: »Zumindest hat er uns nie belogen. Die anderen haben uns mehr versprochen, als ich mich überhaupt erinnern kann. Letztendlich haben sie nur eins gehalten. Sie haben gesagt, sie würden uns unser Land abnehmen. Sie haben es getan.«

Es folgt der Winter 1889/90. Er erinnert an die härtesten Zeiten in der eisigen, schutzlosen Prärie. Vorausgegangen ist eine Mißernte, eine Kürzung der Rationen. Hinzu kommen zuvor unbekannte Krankheiten: Keuchhusten, Grippe, Masern. Sie raffen nicht nur viele der ganz Jungen und ganz Alten dahin, sondern auch viele Sioux in der Blüte ihrer Jahre.

Die düstere Prophezeiung der kleinen Lerche

Das Reservatsdasein hat längst die alte, traditionelle Sozialstruktur und Lebensform der Sioux zerstört, ohne daß ein halbwegs gleichwertiger Ersatz sichtbar geworden wäre. Die einzelnen Gruppen leben in einem kulturellen Niemandsland. Die Menschen sehen zwar noch aus wie echte Indianer, aber sie sind es nicht mehr.

Anfang der neunziger Jahre des 19. Jahrhunderts kommen Gerüchte auf, daß irgendwo weit weg im Südwesten der USA ein Prophet erstanden sei. Einer, der von einem Erlöser kündet – der die Indianer von allem Übel der letzten Jahrzehnte befreien, die Weißen vernichten und die alten glorreichen Zeiten wiedererstehen lassen werde.

Es ist nicht verwunderlich, daß gerade die Sioux dieser Botschaft mit großen Ohren lauschen. Da sie ihnen nicht ganz klar erscheint, schicken sie eine Abordnung zu dem Messias im Südwesten. Die Männer sollen herausfinden, was wirklich hinter den Gerüchten und Berichten steckt.

Die Abgesandten kehren im März 1890 zurück und berichten, daß es sich um einen Paiute namens Wovoka handelt, der allen sich zu dem sogenannten Ghost Dance versammelnden Indianern ein ewiges Leben in einem Land voller Büffel und Ponys verspricht. Es sei ein Land, so hat der rote Prophet verkündet, in dem es keinen einzigen Weißen und nur noch Indianer geben werde.

Die Behörden reagieren übertrieben nervös auf diese Schimäre und sehen die unkalkulierbaren Gefahren einer womöglich um sich greifenden, panindianianischen Bewegung. Doch richtig und nüchtern einzuschätzen vermag sie kaum einer der Beamten. McLaughlin sieht einen Rückfall in dunkle, heidnische Zeiten und glaubt einmal mehr, daß sein alter Gegenspieler Sitting Bull hinter alledem steckt. Er wittert aber auch eine Chance, den immer noch einflußreichen Häuptling mit der Anschuldigung der Rädelsführerschaft auszuhebeln und sich seiner endgültig zu entledigen.

Doch es ist etwas ganz anderes, das Sitting Bull zur Zeit beschäftigt und kaum unterschiedlicher sein könnte. In der Standing Rock Agentur ist mitsamt dreizehnjährigem Sohn Catherine Waldon, eine junge, wohlhabende Witwe aus den Oststaaten, aufgetaucht. Die philanthropisch orientierte Lady hat ganz in der Nähe von Sitting Bulls Haus ein Grundstück gekauft und versucht nach Kräften, sich der Wohlfahrt der Sioux zu widmen. Vor allem aber scheint sie von der Person des Häuptlings fasziniert zu sein, so daß man bald – *hony soit qui mal y pense* – von Sitting Bulls »neuer, weißer Squaw« spricht.

Wie auch immer, der alte Häuptling scheint sowohl die emotionale Zuwendung dieser engagierten Frau zu genießen als auch deren materielle Gaben bereitwillig zu akzeptieren.

Catherine Waldon wird zu einer Art von Sekretärin des Häuptlings. Sie unterweist die Frauen im Kochen, in der Handarbeit, der Haushaltsführung und anderen nützlichen Fertigkeiten. Aber sie versucht auch, ihren ganzen, wie sie glaubt, beträchtlichen Einfluß geltend zu machen, um die Ausbreitung der Ghost-Dance-Religion einzudämmen. Doch hier beißt sie auf Granit, da läßt sich der Alte nicht hineinreden. Obwohl nicht auszuschließen ist, daß er im Grunde seines Herzens sehr skeptisch bleibt, ist die Aussicht doch zu verlockend, sich dieses Mittels zu bedienen und seinen Einfluß als großer Seher und Medizinmann wiederherzustellen beziehungsweise weiter auszubauen.

Obwohl Sitting Bull nie selbst an den eigentlichen Tänzen teilnimmt, fördert er sie, wo er nur kann. Er versucht, die Trancen und Visionen der Tänzer und Tänzerinnen zu interpretieren und hintertreibt nach Kräften alle Bemühungen der Behörden, der Missionare und Lehrer, die in eine Art Massenhysterie ausartende Bewegung unter Kontrolle zu halten versuchen.

Sitting Bull hat richtig spekuliert: Er gewinnt auf diese Art und Weise wieder eine wachsende Anhängerschaft. Eltern nehmen ihre Kinder aus den Schulen. Viele Sioux geben ihre Häuser auf und schlagen ihre Zelte in unmittelbarer Nachbarschaft des großen Häuptlings auf. Sie errichten einen Gebetsbaum und reinigen sich wieder in den verbotenen rituellen Schwitzbädern. Sie suchen in Sitting Bull den Mittler und Vorreiter zu der angeblich innerhalb eines Jahres anbrechenden rosaroten, panindianischen Zukunft.

Für den nüchternen Betrachter ist leicht zu erkennen, daß all die für die Indianer so verlockenden Prophezeiungen aus einem reinen Wunschdenken und ohne jeden realen Hintergrund geboren sind. Die Behörden könnten in Ruhe abwarten, bis die ganze Geschichte binnen eines Jahres zwangsläufig wie ein Strohfeuer in sich zusammenfällt und sich spätestens dann herausstellt, daß sich die Visionen des Propheten Vovoka – aus indianischer Sicht – leider als großes Trugbild erweisen und die Bewegung zwangsläufig im Sande verläuft.

Doch die übernervösen Agenten haben nichts Besseres zu tun, als eine Flut von Telegrammen und Petitionen herauszujagen, die alle in der Forderung gipfeln, das Militär müsse sich auf massive Einsätze vorbereiten, »um die hochlodernden Flammen dieser spirituellen Rebellion auszutreten«. Einer der fleißigsten Briefeschreiber und Schwarzmaler ist der Agent der Standing Rock Agency McLaughlin. Er sieht einmal mehr Sitting Bull als den Verantwortlichen für die nach seiner Ansicht todsicher heraufziehende Katastrophe.

Über alledem kommt es zwangsläufig zum Bruch zwischen dem Häuptling und seiner »weißen Squaw« Catherine Waldon. Enttäuscht und verbittert besteigt sie am 25. Oktober 1890 einen Missouri-Dampfer. Wieder scheint ein böses Schicksal einen Menschen zu bestrafen, der mit Sitting Bull gebrochen hat: Ein rostiger Nagel reißt eine an sich harmlose Wunde in den Fuß von Catherines Sohn Christie. Der bedauernswerte Junge stirbt wenige Tage danach am Wundstarrkrampf. Ein böses Schicksal für eine mutige, unkonventionell agierende junge Frau. Kein Wunder, daß sie innerlich sich selbst, den Westen und die Indianer verflucht und nie wieder hierhin zurückkehren wird.

Sitting Bull gibt im Frühjahr 1890 düstere Prognosen von sich: Der Sommer werde heiß und trocken werden, die Früchte auf den Feldern würden verdorren. Aber auf diese Katastrophe werde ein milder Winter folgen, so mild, daß die Menschen unbehindert durch Kälte und Schneesturm ihren Ghost Dance zelebrieren könnten.

Ist es Zufall, Fügung oder Intuition: Die Prophezeiungen treffen ein. Aber eine andere, eine sehr persönliche Vision steht noch aus: Eine kleine Lerche hat Sitting Bull während seiner Meditationen auf der offenen Prärie verkündet: »Du wirst von der Hand eines Lakota, von der Hand eines deiner eigenen Leute fallen. Sie werden kommen und dich töten!«

In den Augen der Indianer-Agenten verstärken sich die alarmierenden, inzwischen militanten Aspekte der

Ghost-Dance-Bewegung. Die teilweise hysterischen Hilferufe der weißen Beamten dringen im November 1890 bis zum Präsidenten Harrison vor. Der überträgt prompt seinem Kriegsminister die Aufgabe, jede Eingeborenenrebellion im Keim zu ersticken. Damit ist einmal mehr die Armee im Spiel und dem Blutvergießen Tür und Tor geöffnet.

Ein alter, böser Bekannter Sitting Bulls, »Bear Coat« Miles, gibt den Befehl, Truppenkontingente in unmittelbarer Nähe der zivilen Indianer-Agenturen zu postieren.

Die Standing Rock Agentur ist trotz Sitting Bull von der immer noch spirituellen und in den Augen nüchterner Beobachter keineswegs bedrohlichen panindianischen Bewegung wenig betroffen. Der Großteil der Tänzer und Tänzerinnen hat sich gut hundert Meilen weiter südlich in die sogenannten Badlands auf ein von steilen Klippen umgebenes Plateau, auf eine natürliche Festung, zurückgezogen, wo sie sich vor den Soldaten sicher fühlen. Trotzdem glaubt McLaughlin, als präventive Maßnahme Sitting Bull festsetzen zu müssen. Die vorgesetzte Behörde stimmt zu. Es bleibt nur noch die Frage zu klären, ob die Indianerpolizei der Agentur oder die Army diese Aufgabe übernehmen soll.

Da erscheint der eben von einer erfolgreichen Europatournee zurückgekehrte Buffalo Bill Cody auf dem Plan. Er präsentiert eine handschriftliche Order von General Miles, »des Sitting Bull habhaft zu werden und ihn dem nächsten Militärkommando zu überstellen«.

Diese unerwartete Wendung stiftet Verwirrung, aber Befehl ist Befehl. Sowohl Militär wie auch die zivilen Behörden fügen sich. Leider ist Buffalo Bill immer noch dabei, seinen großen Showbusineß-Erfolg im fernen Europa zu feiern. Er ist einfach zu sturztrunken, um dieser selbstgestellten, von Miles abgesegneten Aufgabe nachzukommen.

Ein in letzter Minute direkt aus dem Weißen Haus eintreffendes Telegramm enthebt den Western-Helden der peinlichen Aufgabe, seinen »Freund« Sitting Bull zu verhaften. Es stellt die alte Befehlshierarchie wieder her, überläßt es aber dem Militär-Befehlshaber Colonel Drum, durch wen und wie der Häuptling in Gewahrsam zu nehmen sei.

Der Colonel hält es mit dem biblischen Pilatus. Er wäscht seine Hände in Unschuld und überträgt die delikate Prozedur dem Agenten McLaughlin und dessen Indianerpolizei.

Endlich sieht sich der Agent am Ziel. Er hält jetzt die rechtliche Grundlage in den Händen und verfügt dazu mit der gut gedrillten Polizeitruppe über ein effektives Instrument, um seinen alten Widersacher auszuspielen und endgültig unschädlich zu machen. Darüber hinaus steht auf seinen Wunsch hin ein Truppenkontingent bereit, um – wenn nötig – sofort eingreifen zu können.

Als McLaughlin erfährt, daß Sitting Bull, der möglicherweise von der sich für ihn bedrohlich zuspitzenden Situation erfahren oder die kommende Entwicklung irgendwie erahnt haben mag, einer Einladung der Ghost Dancer auf ihr Plateau in den Badlands Folge leisten will, glaubt er, die Aktion unverzüglich anlaufen lassen zu müssen. Die Verhaftung soll am Morgen des 15. Dezember 1890 vor Tagesanbruch erfolgen. Sie soll vom Leutnant der Eingeborenenpolizei Bull Head und seinen 44 Polizisten durchgeführt werden.

Es fällt ein schwacher Eisregen, als die Truppe gegen vier Uhr morgens ausrückt. Die Stimmung unter den Polizisten ist düster und gedrückt. Einige der älteren Männer hatten seinerzeit am Little Bighorn gegen Custers Truppen gekämpft, und sie sehen in Sitting Bull immer noch den großen Strategen und spirituellen Garanten des seinerzeitigen Sieges.

Es ist eine finstere, unheimliche Nacht. Von weither ist das Geheul der Coyoten zu hören. Manch einer der Polizisten hätte weiß was darum gegeben, wäre er nicht mit ausgerechnet dieser Aufgabe betraut worden. Wer vermag zu sagen, über welche magischen Kräfte der alte Häuptling und Schamane immer noch verfügt! Jedem von ihnen ist bekannt, wie oft er seine Widersacher mit eigener Hand, aber auch durch die von ihm dienstbar gemachten, übernatürlichen Kräfte vernichtet hat.

Sitting Bull schläft indessen nichtsahnend in seinem Haus. Dort befinden sich auch Seen by the Nation, die ältere seiner beiden Frauen, einer seiner jüngeren Söhne, der inzwischen vierzehnjährige Crow Foot, One Bulls Frau Red Whirlwind und zwei alte Männer, die ganz zufällig in seiner Unterkunft Unterschlupf gefunden haben. Der Rest der Familie schläft in einem zweiten, auf der anderen Straßenseite gelegenen Haus des Häuptlings.

Kurz vor sechs Uhr klopfen die Polizisten an Sitting Bulls Tür. Als niemand aufmacht, wird sie aufgestoßen. Polizisten dringen ein.

»Wir kommen, um dich abzuholen, Bruder«, ruft Sergeant Shave Head und greift nach Sitting Bull.

»Gut, so sei es denn«, antwortet der Häuptling schlaftrunken.

In der schattenhaften Düsternis und dem Durcheinander schlüpfen die beiden alten, zufälligen Hausgäste und One Bulls Frau unbemerkt hinaus. Red Whirlwind verbirgt sich im Hühnerstall und beobachtet von dort die weitere Entwicklung des Geschehens. Rasch tragen die beiden alten Männer die böse Nachricht von der Verhaftung des Häuptlings von Tür zu Tür und durch die ganze Siedlung.

Die Polizisten versuchen, den sich inzwischen sträubenden Sitting Bull in Richtung des Ausgangs zu schieben.

»Was für eine Art, mit mir umzugehen! Ihr solltet mir zumindest die Möglichkeit geben, im kalten Winter meine Kleider anzuziehen«, protestiert der Häuptling.

Seen by the Nation läuft in das andere Haus hinüber und kehrt mit einem Kleiderbündel zurück. Beim Anziehen entsteht noch mehr Durcheinander. Sitting Bull wird gegen die Tür geworfen. Er wehrt, er sperrt sich mit Händen und Füßen. »Laßt mich los, ich komme freiwillig mit«, schreit er.

Bull Head und Shave Head gelingt es endlich, den Gefangenen nach draußen zu schieben. Direkt hinter ihm geht Sergeant Red Tomahawk, den schußbereiten Revolver in der Faust.

Draußen ist trotz der frühen Stunde die halbe Siedlung zusammengelaufen. Im Handumdrehen bricht ein lautstarkes Tohuwabohu los. Hunde bellen, Frauen schreien schrill, Männer brüllen, die Polizeipferde schnauben. Immer mehr Menschen strömen aus allen Richtungen herbei und bedrängen die immer nervöser werdenden Polizisten mit Drohungen, Flüchen, Beleidigungen und Handgreiflichkeiten.

Catch the Bear, ein hünenhafter Krieger, bahnt sich rücksichtslos den Weg durch die Menge, packt Leutnant Bull Head am Arm und schreit ihn an: »Jetzt seid ihr soweit. Ihr glaubt, ihr habt ihn endlich gefangen. Aber so soll es nicht sein. – Kommt, wir müssen unseren Häuptling schützen«, brüllt er darauf in die Menge.

Da erscheint Sitting Bulls Sohn Crow Foot auf der Türschwelle: »Du hast dich immer als tapferer Häuptling bezeichnet, jetzt läßt du dich einfach von der Polizei abführen«, ruft er seinem Adoptivvater zu.

Sitting Bull verharrt einen Augenblick: »Ich werde nicht gehen«, erwidert er mit fester Stimme.

Shave Head und Bull Head versuchen, ihren Gefangenen weiterzuzerren. Red Tomahawk schiebt von hinten. Die Menge schüttelt die Fäuste und nimmt eine immer bedrohlicher werdende Haltung an. In diesem Augenblick hebt Catch the Bear sein Gewehr. Er schießt sofort und trifft Bull Head in die Hüfte. Noch im Fallen zieht der Polizeileutnant seinen Revolver und schießt Sitting Bull in die Brust. Red Tomahawk feuert ebenfalls und tötet den Häuptling durch einen Schuß in den Hinterkopf. Ein anderer Sioux schießt aus der Menge heraus und trifft Shave Head in den Leib.

Alle drei fallen übereinander. Ein Polizist schlägt den Schützen nieder und erschießt ihn auf der Stelle. Die Umstehenden rücken den Polizisten zu Leibe. Sie stechen, schießen, schlagen mit allem, was sie in die Hand bekommen.

Die Polizisten töten fünf der Angreifer. Fünf weitere tragen so schwere Verletzungen davon, daß nur einer von ihnen überlebt. Der blutige Spuk dauert nur wenige Minuten. Dann ziehen sich Sitting Bulls Anhänger in ein nahegelegenes Gehölz zurück.

Red Tomahawk, obwohl selbst schwer verwundet, beordert alle zurück in Sitting Bulls Haus. Sie legen die Verwundeten nieder und beziehen Verteidigungspositionen, um weitere Angriffe abzuwehren.

Unter einem Bündel Decken finden sie Sitting Bulls Adoptivsohn Crow Foot. »Tötet mich nicht, ich möchte nicht sterben«, bittet der Junge angstvoll unter Tränen.

»Macht mit ihm, was ihr wollt«, stöhnt der tödlich verwundete Leutnant Bull Head.

Ein Polizist zerschmettert mit seinem Gewehrkolben Crow Foots Kopf, zwei andere leeren die Magazine ihrer Karabiner in den bereits leblosen Körper.

Als die Polizisten einen ihrer Männer losschicken, um die im Hintergrund bereitstehende Kavallerie zu alarmieren, kommt es zu einem erneuten, wütenden Schußwechsel. Doch die Truppen haben inzwischen Gefechtsposition bezogen und beginnen mit ihren Geschützen in die Siedlung zu schießen. Die Angreifer stieben endgültig auseinander.

Als der kommandierende Captain der Truppen das Schlachtfeld betritt, bietet sich ihm ein Bild des Grauens. Er berichtet später: »Ich sah die Körper von acht toten Indianern, darunter den Sitting Bulls, und zwei tote Pferde. Im Haus lagen vier tote und drei verwundete Polizisten. Zwei von ihnen waren tödlich getroffen. Sitting Bulls Frauen schrien vor Trauer und Schmerz und machten die Szene noch schrecklicher.«

Der Bruder eines der gefallenen Polizisten erscheint, packt, außer sich vor Wut, das Joch eines Ochsengespanns und zerschmettert damit das Gesicht des toten Sitting Bull. Der Captain läßt darauf eine Wache aufziehen, die eine weitere Schändung der Toten verhindern soll.

Dann bellen noch einmal Schüsse auf, als ein Ghost Dancer, ganz allein auf sich gestellt, einen tollkühnen Angriff gegen die Soldaten reitet. Obwohl er auf kurze Distanz gezielt unter Feuer genommen wird, kommt er unverletzt davon. Die Sioux glauben, das sogenannte Ghost Shirt habe ihn kugelfest gemacht.

Am frühen Nachmittag des 15. Dezember 1890 werden die Toten und Verwundeten, darunter auch Sitting Bulls Leiche, in den Armeestützpunkt Fort Yates überführt.

Wounded Knee

Der Hunkpapa-Häuptling Sitting Bull ist zum Zeitpunkt seines Todes wahrscheinlich zwischen 56 und 59 Jahre alt. Als »Heide« darf er nicht auf dem katholischen Friedhof beerdigt werden. Am 17. Dezember 1890 wird er im Beisein dreier Army-Offiziere und des Indianer-Agenten McLaughlin in einer rohen Holzkiste ohne jegliches Zeremoniell auf dem Militärfriedhof von Fort Yates bestattet.

Als Major Walsh von der kanadischen Royal Northwest Mounted Police aus der Zeitung vom Tod seines indianischen Freundes erfährt, vertraut er seinem Tagebuch an: »Ich bin froh, jetzt zu erfahren, daß Sitting Bull von seinen Miseren erlöst worden ist. Selbst wenn es durch eine Kugel geschah. Ein Mann mit einer solchen innerlichen Kraft, ein solcher Herrscher über ein wildes, unabhängiges Volk kann auf Dauer nicht Sklaverei und Bettelei hinnehmen, ohne große geistige Not zu leiden. Sein Tod ist für ihn eine Erlösung. Sitting Bulls Vertrauen und Glaube an den Großen Geist war stärker, als ich es je bei einem anderen Mann erlebt habe. Er war diesem Glauben gehorsam. Die Geschichte wird zeigen, daß nie ein größerer Indianer gelebt hat. Er war der Mohammed seines Volkes, er war der Königsmacher und Gesetzgeber der Sioux.«

Der Kampf tobt unterdessen weiter – diesmal um des toten Häuptlings Gebeine. Die Hunkpapa wollen Sitting Bull auf ihrem Friedhof in Grand River zur endgültigen Ruhe betten, doch McLaughlin verhindert das Vorhaben.

Mehr als ein halbes Jahrhundert später, nach dem Zweiten Weltkrieg, sieht es im Zuge der Planung für die Missouri-Staudämme eine Zeitlang so aus, als sollte der Militärfriedhof des alten Fort Yates überflutet werden. Heimlich exhuminieren im April 1953 Unbekannte während einer dunklen Nacht die verbliebenen sterblichen Überreste dieses bedeutenden Indianers und betten sie auf einen Hügel über dem inzwischen unter dem Wasserspiegel eines Stausees liegenden einstigen Zusammenflusses von Grand River und Missouri um. Zwanzig Tonnen Stahlschienen und Eisenbeton sollen das Grab vor möglichen Souvenirjägern oder ähnlichem Vandalismus sichern.

Ob die neue Begräbnisstätte wirklich die Gebeine des einstigen Sioux-Führers enthält, ist nicht gesichert. Es scheint ebenso unerheblich wie der genaue Ort seiner Geburt, den man genausowenig kennt. Nachdem sich einmal Geist und Körper voneinander getrennt haben, hat letzterer keine größere Bedeutung als der kleine Fleck Erde, den man zur Errichtung eines Tipis braucht. Und ein Tipi kann überall unter dem weiten Himmel der Prärie aufgebaut werden. Selbst heute noch...

Sitting Bulls gewaltsamer Tod ist keineswegs das blutige Finale der großen indianischen Tragödie im nördlichen Mittelwesten gewesen: Das Schicksal hält nur wenige Tage später ein hundertfach schlimmeres Ereignis bereit. Es soll rund 200 Meilen südlich des letzten Domizils des Sioux-Häuptlings über die blutgetränkte Bühne des Landes am Missouri gehen.

Wieder spielt die Seventh Cavalry eine Hauptrolle. Nach Sitting Bull gilt es, einen Häuptling namens Hump unschädlich zu machen. Hump läßt sich allerdings mit ein paar guten Worten davon überzeugen, daß jegliche Rebellion aussichtslos ist.

Nach ihm gilt Häuptling Big Foot als einer der böswilligsten Störenfriede. Sein Camp befindet sich am Cheyenne, einige Dutzend Meilen südlich des Grand River. Der Oberbefehlshaber »Bear Coat« Miles hat Anweisung gegeben, auch diesen »Abtrünnigen« in Gewahrsam zu nehmen. Doch Colonel Sumner, der freundschaftliche Beziehungen zu dem alten, tuberkulosekranken Krieger unterhält, zögert vorerst. Sumner hält Big Foot für ungefährlich.

Die Situation ändert sich, als Colonel Sumner die Nachricht zugespielt wird, daß sich nach Sitting Bulls Tod 30 oder 40 von dessen Anhängern in Big Foots Camp geflüchtet haben. Sumner stellt den Häuptling zur Rede. Der entgegnet lakonisch, es sei für ihn selbstverständlich, verängstigte, hungrige und notleidende Verwandte aufzunehmen.

Für Sumner haben sich aus unerfindlichen Gründen Big Foots Leute unter dem Einfluß dieser sogenannten »Outlaws« plötzlich in feindliche Indianer verwandelt. Er befiehlt dem Häuptling, die »Fremden« in ihr Dorf zurückzuschaffen. Auch er selbst und seine Leute hätten sich unverzüglich bei der Agentur einzufinden.

Big Foot gibt Sumner zu verstehen, daß es Schwierigkeiten gäbe, diesen Anweisungen nachzukommen. Doch der Colonel ist weder bereit, einzulenken noch sonstwie Vernunft walten zu lassen. Er läßt Truppen aufmarschieren, um seine Anweisungen mit Gewalt durchzusetzen.

Die Sioux flüchten in südlicher Richtung. Unter ihnen befinden sich lediglich 100 hungrige, abgerissene, demoralisierte, schlecht bewaffnete Krieger. Sie treibt nichts weiter als die Angst. Sie wollen möglichst viel Raum zwischen sich und die Blauröcke legen. Wen wundert's, daß sie Unterstützung und Hilfe bei den »Ghost Dancers« in den Badlands suchen. Doch die haben ihre natürliche Festung bereits verlassen und sind zum Zeichen ihrer Unterwerfung in Richtung der Agentur gezogen.

Als Big Foot mit seinen Leuten am 28. Dezember 1890 am Rand der Badlands ankommt, finden sie den weiteren Weg von vier Schwadronen der Seventh Cavalry verstellt. Big Foot selbst ist so krank, daß er sich nicht mehr auf seinem Pferd halten kann und auf einem Travois liegend folgen muß.

Die Kavalleristen geleiten die Sioux zum Wounded Knee Creek, wo es eine Poststation gibt und ein paar seßhafte Indianer hausen.

General Brooks gibt sofort Order, die ursprünglich vier Cavalry-Schwadronen durch vier weitere Kompanien und eine Batterie Hotchkiss-Schnellfeuer-Geschütze sowie eine Abteilung indianischer Scouts zu verstärken. Damit steht unter dem Kommando von Colonel Forsyth die beeindruckende Streitmacht von rund 470 Blauröcken bereit, um die 340 Indianer, unter denen sich nicht einmal 100 wehrfähige Männer befinden, in Schach zu halten.

Colonel Forsyth ist Jahre zuvor bei einem Gefecht mit den Sioux schwer am Kopf verwundet worden. Zu seinem Offizierscorps gehört eine Reihe von Männern, die genau wie Häuptling Big Foot bereits am Little Bighorn gefochten hatten. Es ist durchaus möglich, daß in diesen alten Kombattanten nach wie vor das Gefühl vorhanden ist, mit den Sioux noch eine Rechnung offen zu haben.

Die Indianer haben an einem hohen Mast eine weiße Fahne zum Zeichen ihrer Verhandlungs- und Übergabebereitschaft gehißt. Die amerikanischen Truppen sind mit ihren schußbereiten Geschützen rund um das Camp postiert.

Ein paar Offiziere reiten mit einer starken Kavallerie-Bedeckung in das Camp, wo man sich zum Council mit den Häuptlingen niederläßt. Die Offiziere machen zur Bedingung, daß sich die Krieger versammeln, damit sie in Schüben von jeweils 20 Mann in die Tipis geschickt werden können, um mit ihren Waffen herauszukommen und diese dann zu übergeben.

Als die ersten zurückkehren, bringen sie lediglich zwei alte Vorderlader mit. Die abgesessene Seventh Cavalry rückt darauf mit schußbereiten Karabinern auf zehn Schritt an die im Halbkreis sitzenden Indianer heran. Die Offiziere beauftragen einzelne Abteilungen der Blauröcke, die Tipis nach Waffen zu durchsuchen.

Spannung und Nervosität unter den Indianern nähern sich dem Siedepunkt, als sich das Gebrüll der Soldaten mit den Angstschreien der malträtierten Frauen und Kinder mischt. Die meisten der roten Krieger tragen Messer unter ihren Decken und Büffelfell-Mänteln.

Die Durchsuchung durch die Soldaten fördert 40 zum großen Teil antiquierte Vorderlader und ähnliche Waffen zu Tage. Aber noch herrscht Ruhe – bis ein junger Indianer namens Black Fox die Nerven verliert, sein unter seiner Decke verborgenes Gewehr blitzschnell in Anschlag bringt, schießt und einen Soldaten tötet.

Die sofortige Antwort ist die vernichtende Salve in die Reihen der sitzenden Krieger aus nur zehn Schritt Entfernung. Trotzdem überlebt etwa die Hälfte der Rothäute. Die Davongekommenen werfen ihre Decken und Mäntel ab und stürzen sich mit Messern, Keulen und Tomahawks auf die Soldaten.

Das ist das Signal für die Artilleristen, mit ihren Maschinenkanonen ein mörderisches Feuer auf die Tipis und die darin versammelten Frauen und Kinder zu eröffnen. Zusätzlich schießen die um das Camp postierten Soldaten in die Zelte. Während ein Teil der Soldaten in einem wüsten Handgemenge mit den wenigen überlebenden indianischen Kriegern rasch die Oberhand gewinnt, feuern die übrigen auf alles, was sich noch bewegt. Es sind fast ausschließlich Frauen und Kinder, die aus den zerschossenen und brennenden Tipis flüchten.

Ein Beobachter schreibt später: »Die Seventh Cavalry verfügte bis dahin über einen ausgezeichneten Ruf. Doch in diesem Augenblick hörte sie auf, eine militärische Einheit zu sein, und wurde zu einer Horde von brutalen Schlächtern in einem wilden Blutrausch.«

Die Soldaten verfolgen die überlebenden Frauen und Kinder in die offene Prärie hinaus und machen sie rücksichtslos nieder. Die Handvoll Überlebender, die in einem Gehölz Zuflucht gefunden hat, wird von den indianischen Scouts herausgerufen. Es wird ihnen versichert, sie hätten nichts zu befürchten. Als ein paar verängstigte Kinder aus ihrem Versteck herauskriechen, werden sie von der entmenschten Soldateska in Stücke gehauen.

Es gibt keine Schonung. Als keine menschlichen Ziele mehr vorhanden sind, richtet man auch unter den Ponys der Indianer ein Blutbad an.

Etwa 300 Indianer bleiben tot auf dem »Schlachtfeld« zurück, unter ihnen rund 200 Frauen und Kinder.

Während einzelne Trupps der Soldaten weiter Jagd auf die wenigen Flüchtlinge machen, erscheinen zufällig Krieger der abziehenden Ghost Dancer auf der Bildfläche, eröffnen das Feuer und zwingen die Blauröcke in die Verteidigung. Dadurch wird dem Gemetzel ein Ende bereitet. Ein heraufziehender Blizzard führt zum endgültigen Abbruch der Kampfhandlungen.

Nachdem der Schneesturm abgeflaut ist, macht sich am Neujahrstag des Jahres 1891 die Seventh Cavalry, unterstützt von einigen Dutzend ziviler Arbeiter, daran, die erstarrten Leichen in ein langes Massengrab zu werfen. Viele der Erschossenen sind nackt. Souvenirjäger sind den Totengräbern zuvorgekommen und haben sie ihrer »Ghost Shirts« und ähnlicher Memorabilien beraubt.

Kein einziger Missionar der verschiedenen Religionsgemeinschaften aus der Nähe findet sich bereit, über der sich langhinziehenden Gruft ein Gebet zu sprechen.

Am 16. Januar 1891 legen die restlichen Ghost Dancer und damit letzten »feindlichen« Indianer ihre Waffen nieder und übergeben ihre Ponys den Behörden. Damit ist das in den Augen so vieler Weißer so bedrohlich lodernde Feuer der Ghost-Dance-Bewegung in sich zusammengefallen. Die »Ghost Shirts« haben sich nicht als kugelfest erwiesen, es ist kein roter Messias erschienen, der die weißen Eroberer vernichtet hat.

Damit ist jeder organisierte Widerstand der Indianer bis in die zweite Hälfte unseres Jahrhunderts hinein erloschen. Den einstigen stolzen Wildbeutern, Präriereitern und Kriegern bleibt nichts als die hoffnungslose, die verzweifelte Eintönigkeit des Reservatsdaseins, das Hineindämmern in eine ungewisse Zukunft.

Die Flügel des Adlers sind gebrochen. Nie mehr wird er sich über die weite, unendliche Prärie erheben können. Aber auch die Prärie selbst ist nicht mehr das einstige freie, scheinbar uferlose Grasmeer: Die Sode ist aufgerissen und umbrochen, statt Gras wächst Weizen, statt des Donners der Büffelhufe hört man heute allenfalls das Muhen der Rinder in ihren eingezäunten und parzellierten Weiden.

Unter vielen Mühen, nach manchen Rückschlägen und Enttäuschungen entwickelt sich in den Reservaten eine bescheidene Landwirtschaft. Am erfolgreichsten ist

naturgemäß das »Ranching«, die Rinderzucht. Einmal ist mit dem Grasland der Prärie das hierfür ideale Biotop vorhanden, zum zweiten knüpft das Cowboy-Dasein am ehesten an die vormalige Reiter- und Jägerkultur an.

Zu Beginn des Ersten Weltkriegs ist es soweit, daß die Regierung nur noch symbolische Zahlungen zur Existenzsicherung der Sioux zu leisten braucht. Frank Fools Crow, einer der »modernen« Häuptlinge, verkündet: »In mancher Hinsicht ist die Lage besser als in den alten Tagen der Büffeljagd.«

Der entscheidende Knick kommt 1916, als während des Ersten Weltkriegs der Preis für Rindfleisch in zuvor nie gekannte Höhen emporschnellt. Die sicher nicht ganz uneigennützigen weißen Berater bedrängen die Indianer, jetzt ihre Rinderherden an die Schlachthöfe zu verkaufen. Die Sioux halten sich an die Empfehlung. Im gleichen Maße, wie die Rinderherden verschwinden, tauchen mit einem Mal Autos, Kühlschränke, Grammophone und dergleichen Konsumgüter in den Siedlungen auf. Eine Woge von illegal eingeführtem Alkohol überschwemmt die Reservate. Händler aller Art machen ihren goldenen Schnitt. Die Indianer erkennen nicht, daß, um die Geldquellen weiter sprudeln zu lassen, der größte Teil der Einnahmen in neues Zuchtvieh, in Landkäufe und dergleichen investiert werden müßte. Statt dessen erliegen sie den Einflüsterungen der Händler und den Verlockungen des Konsums. Am Ende verunstalten die Wracks all der zuvor erworbenen Herrlichkeiten die Siedlungen und die Umgebung. Die Sioux reiben sich die Augen und stehen einmal mehr mit leeren Händen da.

Die Alkoholprobleme nehmen zu. Sie werden durch die Rückkehr der indianischen Kriegsveteranen des Ersten Weltkriegs von den europäischen Schlachtfeldern noch gravierender als zuvor.

Die Sioux beginnen, zuerst ihre Pferde und dann ihren letzten Besitz, ihr Land, zu verkaufen, um weiter an die sogenannten schönen Dinge des Lebens heranzukommen. Die nicht verkaufen, verpachten.

Zu Beginn der zwanziger Jahre legt die Depression ihre harte Hand auf das Land. Die weißen Rancher und Farmer gehen bankrott. Der Strom der von ihnen zuvor bezahlten Pachtgelder versiegt. Die Regierung muß massive Unterstützungen leisten, um die gröbste Not zu lindern.

Doch die Sioux haben noch einen Trumpf in der Hinterhand: Ihre wertvollste und ihnen heiligste Domäne, die Black Hills, ist ihnen einst ohne Entschädigung und unter dem Bruch rechtmäßiger Verträge abgenommen worden. Inzwischen haben die Weißen hier Gold im Gegenwert von Hunderten von Millionen Dollar aus der Erde geholt, ungerechnet die übrigen Mineralien und die Ausbeutung der darüber hinaus vorhandenen Ressourcen.

1923 übernimmt der Anwalt Ralph Case den Fall. Doch die Mühlen der Justiz mahlen auch in Amerika sehr, sehr langsam. Als er 1957 stirbt, hat er sich selbst ruiniert und keinen einzigen der rund zwei Dutzend von ihm angestrengten Prozesse gewonnen.

Nachdem eine andere Anwaltsfirma den Vorgang übernommen hat, beschließt der Oberste Gerichtshof der USA, den Sioux 106 Millionen Dollar für das seinerzeit unrechtmäßig enteignete Land zu vergüten.

Zwischenzeitlich hat sich im Jahr 1958 das American Indian Movement (AIM) konstituiert. Das Symbol des AIM ist die amerikanische Fahne, bei der der obere Teil zuunterst aufgezogen ist – ein international gebräuchlicher Hinweis, der eine desperate Notsituation signalisiert.

Ursprünglich ist es das Ziel dieser Gruppe – in der Mehrzahl Ojibwa –, straffällig gewordene oder von der Strafverfolgung bedrohte junge Indianer zu schützen und ihre verfassungsmäßigen Rechte zu verteidigen. Dann ändert sich diese Vorgabe: Das AIM ist bestrebt, die Rechte der sogenannten »Stammesregierungen«, jener indianischen Institutionen, mittels derer die Behörden ihren Einfluß auf das Geschehen in den Reservaten und urbanen Indianer-Zentren durchsetzen, abzuschaffen oder zumindest zu beschneiden. Diese durch den »Indian Reorganisation Act« eingesetzte sogenannte Selbstverwaltung hat sich nur zu oft als unfähig und korrupt erwiesen; sie ist in der Regel nichts weiter als der »rote« Arm einer »weißen« Behörde. Die Folge sind Proteste, Sit-ins in den lokalen Bureaus of Indian Affairs.

Das AIM schreckt keineswegs vor illegalen Aktionen zurück. Ein Beispiel ist die Besetzung der Gefängnisinsel Alcatraz durch Sioux, die es nach San Francisco und Umgebung verschlagen hat. Danach reisen Aktivisten des AIM wie George Mitchell, Dennis Banks und Clyde Bellecourt landauf, landab. Sie erinnern ihre Stammesbrüder und -schwestern an das ihnen im Laufe der Jahrhunderte von den Weißen zugefügte Unrecht. Sie fordern sie auf, die bestehenden Verhältnisse notfalls mit Gewalt zu ändern.

Nachdem im Jahr 1970 der Santee Leonard Crow, der Oglala Russel Means und der Lakota Leonard Crow Dog zum American Indian Movement gestoßen sind, verlagert sich die Basis der Bewegung in die Sioux-Reservate. Neben Dennis Banks wird Russel Means zu einer der Symbolfiguren des modernen indianischen Widerstands.

Noch im selben Jahr besetzen Russel Means und seine Freunde das patriotische Walhall der Amerikaner, den Mount Rushmore mit seinen vier überdimensionalen Präsidentenköpfen in den Black Hills. Russel Means erklärt: »Sie nennen uns die neuen Indianer. Zur Hölle mit ihnen! Wir sind die alten Indianer und die Besitzer dieses Kontinents. Wir kommen jetzt und wollen die Miete kassieren.« Die AIM-Aktivisten verlangen nichts weniger als die Rückgabe dieses Gebirgsstocks und der westlich des Missouri gelegenen Teile von North und South Dakota.

Diese Forderung ist natürlich ebenso utopisch wie provozierend. Doch wie beabsichtigt erregt die Aktion ein ungeheures Aufsehen. Es wird sofort versucht, die AIM-

Indianer als »Red Indians« – als »Rote«, als eine Art kommunistisch infiltrierter fünfter Kolonne – zu diffamieren.

Aber Means, Banks und ihre Mitstreiter haben ihr erstes Ziel erreicht: Es kommt zu einer, wenn auch etwas bescheideneren, modernen Ghost-Dance-Bewegung. Sie erfaßt sowohl die Reservate wie die indianischen Gettos in den Städten.

Die Bewegung läßt prompt unter den in der Nähe der Reservate lebenden Weißen irrationale, längst verdrängte Ängste und Befürchtungen aufbrechen und hat sinnlose Gewaltaktionen zur Folge. Eine Gruppe angetrunkener Weißer beispielsweise kidnappt während eines Januar-Wochenendes des Jahres 1972 in Gordon, North Dakota, den ebenfalls betrunkenen Sioux-Cowboy Raymond Yellow Thunder, einen älteren, harmlosen Vertreter seiner Rasse. Sie schleppen ihn in die Legion Hall, wo gerade ein »patriotischer Tanzabend« stattfindet, ziehen ihm die Hosen herunter und stoßen den wehr- und hilflosen Mann zur allgemeinen Gaudi zwischen den Tanzenden herum. Sie mißhandeln ihn. Danach werfen zwei Brüder namens Hare die geschundene Kreatur hinaus und stecken sie in den Kofferraum ihres Pkw. Yellow Thunder stirbt kurz danach an den Folgen seiner Verletzungen.

Die Hauptschuldigen, die Hare-Brüder, werden zwar kurzfristig verhaftet, befinden sich aber gegen Hinterlegung einer lächerlichen Kaution bald wieder auf freiem Fuß. Es ist abzusehen, daß das Verbrechen als »Unglücksfall« abgetan wird, daß die Mörder des Sioux-Cowboys mit symbolischen Strafen davonkommen werden.

Was vorher mit Erbitterung und allenfalls mit der in der Tasche geballten Faust, doch von der Mehrheit mit einem hilflosen Achselzucken hingenommen worden wäre, gerät unter der Regie des AIM zu einer eindrucksvollen Protestaktion, während der über tausend Indianer das verschlafene Präriennest Gordon in ein Tollhaus verwandeln.

Die Aktion hat Erfolg. Der örtliche Polizeichef wird seines Amtes enthoben, der Prozeß neu aufgerollt und die Hare-Brüder wegen Mordes verurteilt.

Die nächste Aktion ist der »Trail of Broken Treaties«, der »Zug der gebrochenen Verträge«, der 1972 durchgeführt wird. Von Küste zu Küste setzen sich Tausende von Indianern in Marsch. Ihr Ziel ist die US-Hauptstadt Washington, D.C. Es gelingt den AIM-Sympathisanten, in die Hauptverwaltung des Bureau of Indian Affairs einzudringen, aus dem die Bürokraten Hals über Kopf flüchten. Die zur Hilfe gerufene Polizei kann die Besetzer nicht zum Rückzug zwingen. Es dauert nicht lange, und das Gebäude ist von den Eingreiftruppen der Anti-Terror-Einheiten umstellt.

Die Indianer verwüsten das Gebäude. Sie nutzen Möbel und Akten zum Bau von Brustwehren und Barrikaden in Türen und Fenstern.

Lediglich die bevorstehende Präsidentschaftswahl verhindert die Anweisung, die Zentrale zu erstürmen, und erspart Amerika und den Indianern ein neuerliches Blutbad. Nach sechstägigen Verhandlungen räumen die Rothäute unter Mitnahme ganzer Aktenstöße das Gebäude. Sie hinterlassen ein Chaos aus Abfall, Fäkalien, Scherben von zerschossenen Lampen, zerrissenem Papier, zertrümmerten Bürogeräten und -möbeln.

Danach verlagert das AIM seine Aktivitäten in die Sioux-Reservate. Es geht den militanten Indianern darum, den verhaßten Präsidenten des Stammesrates, Dick Wilson, abzusetzen. Wilson wehrt sich mit seiner Reservatspolizei und einer privaten Schlägertruppe. Es kommt in der Folge zu Brandstiftungen, Schießereien, zu nächtlichen Verfolgungsjagden, zu rund 60 Todesfällen, deren nähere Ursachen, Urheber und Umstände nicht geklärt werden können.

Dann wird die Idee geboren, das symbolträchtige Cankpe Opi der Sioux – Wounded Knee – zu besetzen. Am Freitag, den 27. Februar 1973 erscheinen 250 AIM-Mitglieder und -Sympathisanten vor der Station. Sie besetzen den Icazopi genannten Handelsposten und die dortige Kirche zum Heiligen Herzen.

Die Indianer wissen, auf was sie sich einlassen. Sie schießen als erstes die Straßenlampen aus, beginnen Schützengräben auszuheben und Unterstände zu bauen.

Nach und nach ziehen Bundespolizei, FBI-Agenten, die Reservatspolizei und andere paramilitärische Einheiten sowie »Vigilanten«, Bürgerwehren, einen Ring um die Gebäude. Schwere, automatische Waffen und aufgefahrene Schützenpanzer vervollständigen das bedrohlich-martialische Bild.

Die Indianer plündern den Handelsposten, nehmen weiße Geiseln. Es kommt mehrfach zu Schußwechseln. Am 9. März fließt das erste Blut; einer der Besetzer wird schwer verwundet, bald darauf ebenso ein FBI-Agent.

Inzwischen erregt »Wounded Knee II« in den Medien weltweites Aufsehen.

Am 26. März wird während eines erneuten Schußwechsels ein US-Marshall schwer verwundet. Der Ring der Belagerer zieht sich immer enger zusammen, die Situation der Belagerten verschlechtert sich.

Während eines intensiven Feuerwechsels am 24. April wird der Indianer Buddy Lamont getötet und hinter den Überresten der inzwischen niedergebrannten Kirche ganz in der Nähe des Massengrabes von Big Foot und seinen Leuten bestattet.

Am 8. Mai 1973 geben die Belagerten auf. Die Besetzung von Wounded Knee hat sich über 71 Tage und Nächte hingezogen.

Die Aktion bringt keine greifbaren oder direkten Erfolge. Doch die Hoffnungslosigkeit und die Apathie in den Reservaten ist gewichen. Zumindest dürfen die Indianer wieder träumen. Träumen von größerer Freiheit und einer besseren Zeit.

Doch wie schrieb Alexis de Tocqueville im Jahr 1832, also zum ungefähren Zeitpunkt der Geburt Sitting Bulls, nach einem Besuch der Vereinigten Staaten: »Der Europäer bedeutet für die übrigen Rassen der Menschheit, was der Mensch für den Rest der belebten Welt bedeutet. Wenn er sie nicht zu seinem Nutzen zurechtbiegen oder sonstwie Vorteil daraus ziehen kann, dann zerstört er sie und sorgt dafür, daß sie nach und nach von der Bildfläche verschwinden.«

Zeigen wir nicht mit den Fingern auf die Amerikaner und sagen, sie waren und sind die Bösewichte. Wo kamen sie denn her, die Landräuber und Indianerschlächter? Aus Europa. Aus der Mitte unserer eigenen Vorfahren.

Bibliographie und Bildnachweis

Der größte Teil des Text- und Bildmaterials zu diesem Buch wurde recherchiert in:
Smithsonian Institution, Washington, D.C., USA
Museum of the American Indian, New York, USA
Public Archives, Ottawa, Ontario, Canada
Glenbow Museum, Calgary, Alberta, Canada

Die meisten Abbildungen stammen aus dem Archiv Elmar und Brigitte Engel.

Eine kleine Auswahl aus der Fülle von Büchern zum Thema, die zum Teil in modernen Antiquariaten oder im aktuellen Buchsortiment in Nordamerika erhältlich sind:

Ralph K. Andrist, The Long Death – The Last Days of the Plains Indian, Collier Books, Macmillan, New York, Reprint 1993

Robert H. Lowie, Indians of the Plains, University of Nebraska Press 1982 (Reprint der Originalausgabe American Museum of Natural History 1954)

Robert M. Utley, The Lance and The Shield – The Life and Times of Sitting Bull, Henry Hold and Company, New York 1993

Folgende Bild-/Textbände sind besonders zu nennen:

The Book of the American West, Bonanza Books, New York 1963

Time Life, The Indian Chiefs (verschiedene Auflagen in der Reihe »The Old West«)

Carl Waldman, Atlas of the North American Indian, Facts on File, New York 1975

Swafford Johnson, History of the US Cavalry, Bison Books, London 1985

Photography and the Old West, Abradale Press, New York 1978

Lesenswert auch zwei Klassiker:

Ella Cara Deloria, Waterlily, University of Nebraska Press, Lincoln and London, Reprint 1988 (Roman einer Ethnologin über das Leben einer Sioux-Frau im 19. Jahrhundert)

Mari Sandoz, These were the Sioux, University of Nebraska Press, Lincoln and London, Reprint 1985 (Kinderbuch einer amerikanischen Ethnologin Schweizer Herkunft, deren Familie eine Farm neben einem Sioux-Reservat hatte)

Über den Autor

Elmar Engel wurde 1933 im Saarland geboren. Nach dem (verkürzten) Besuch des Gymnasiums absolvierte er eine Lehre ... So beginnt sein Lebenslauf. Nichts deutete auf Außergewöhnliches hin.

Zusammen mit seiner Frau Brigitte stieg Elmar Engel aus, als noch keiner von Aussteigen sprach. Mit Kanu und Kajak trieben sie die Wildflüsse Europas hinunter. Dabei machten sie ihre ersten Gehversuche als Fotografen und Journalisten.

Als ihnen Europa zu eng wurde, gingen sie nach Kanada, befuhren die letzten ungezähmten Wildströme der Erde, lebten unter Indianern und Eskimos, berichteten in Wort und Bild über ihre Erlebnisse.

Heute, nach über 20 Jahren Abenteuer, großen Erfolgen, Beinahe-Katastrophen und manch herber Niederlage pendeln Brigitte und Elmar Engel immer noch zwischen ihrem Blockhaus in der Wildnis des kanadischen Nordens und dem »Schreibbüro« in Köln. Längst gehören sie zu den anerkannten, geschätzten und vor allem gern gelesenen Autoren. Die Palette ihrer Veröffentlichungen mit der Thematik Reise – Kanu – Abenteuer – Wildnis – Ureinwohner – Umwelt – Überleben umfaßt neben ihrer sonstigen Presse- und Fernseharbeit inzwischen gut zwei Dutzend Buchtitel. Nach wie vor leben die beiden den Großteil des Jahres in der Wildnis ihrer zweiten Heimat in Kanada ganz in der Nähe eines kleinen Indianerstammes.

James BraveWolf: Von nun an bin ich Kriegerin

Eine indianische Erzählung

Lamuv Taschenbuch 120

Tecumseh, Sitting Bull, Geronimo – große Häuptlinge, deren Leben und Taten inzwischen viele kennen. Doch wer ist Lozen vom Stamme der Chihinne (bei uns besser bekannt als Apachen)? Ein zwölfjähriges Mädchen, das sich heimlich auf eine gefährliche Reise begibt, um ihr Volk vor dem drohenden Untergang zu retten.
»Eine eindringliche Geschichte, überzeugend erzählt.« (Dietmar Kuegler in: Zeitschrift für Amerikanistik)

Elmar Engel: Blackfoot, Cree, Mohawks …

Zur Geschichte der Indianer im Norden Amerikas

Lamuv Taschenbuch 140

»Diese Geschichte der Indianer in Kanada, die bislang im Gegensatz zu den in den USA lebenden Ureinwohnern nur wenig Aufmerksamkeit erfuhren, liest sich anschaulich und spannend. Von der Besiedlung Nordamerikas über die ersten europäischen Kontakte, dann die Indianerkriege, bis hinein ins 20. Jahrhundert wird der Bogen gespannt … Ein empfehlenswertes populäres Sachbuch.« (Reinhild Khan im ekz-Informationsdienst)

Elmar Engel: Geronimo und die Apachen

Lamuv Taschenbuch 161

Mexikaner wie US-Amerikaner versuchen im 19. Jahrhundert, die Indianer im Südwesten Nordamerikas niederzuwerfen und in Reservate zu pferchen. Die Apachen graben das Kriegsbeil aus, leisten erbitterten Widerstand. Ihr Häuptling Geronimo wird jahrzehntelang von den Weißen gejagt, verliert Frau und Kinder, schwört Rache, bringt den Weißen manche Niederlage bei … Er, der am Ende doch die Waffen strecken mußte, ist zu einer sagenumwobenen Gestalt geworden, dessen Lebensgeschichte mehrfach verfilmt wurde.

Bücher aus dem Lamuv Verlag

Phillip Wearne

Die Indianer Amerikas

Die Geschichte der Unterdrückung und des Widerstands

Mit einem Vorwort von Rigoberta Menchú
Aus dem Englischen von Elisabeth Müller

40 Millionen Indianer haben die weiße Eroberung des Kontinents überlebt, die mit Ausrottung und jahrhundertelanger Unterdrückung verbunden gewesen ist. Seit nunmehr fünf Jahrhunderten kämpfen die indigenen Völker Amerikas für ihre Rechte, ihr Land, ihre Sprache und Kultur, im Norden wie im Süden des Kontinents.

»Phillip Wearnes gründlich recherchiertes und gut lesbares Buch erzählt die tragische Geschichte des Kolonialismus, die intensiven Bemühungen zur Erhaltung indigener Kulturen angesichts einer aggressiven Assimilierungspolitik und, sehr wichtig, der neuen Bewegung zur Vereinigung indigener Völker in ganz Amerika. Es ist eine ausgezeichnete Einführung in diese bedeutsame politische Entwicklung.
Phillip Wearne schreibt mit Engagement und Sensibilität. Sein Buch kommt zur rechten Zeit, da die Vereinten Nationen zur Internationalen Dekade der Indigenen Völker der Welt aufgerufen haben.« (Julian Berger, Sekretär der Arbeitsgruppe für Indigene Völker der Vereinten Nationen und Autor des »Gaia Atlas of First Peoples«)

»›Die Indianer Amerikas‹ stellt erstmals die Lage aller indigenen Völker Amerikas dar. Dieses überfällige Werk zeigt die kulturelle Vielfalt in Nord-, Zentral- und Südamerika wie auch bedeutende historische Parallelen. Phillip Wearne zeigt, wie wichtig die Landfrage im Kampf der indigenen Völker ist, ein Kampf, der mit Kolumbus' Ankunft begann und bis heute andauert.« (Dee Brown, Autor von »Begrabt mein Herz an der Biegung des Flusses«)

Ein Buch aus dem Lamuv Verlag